应用型高等院校经管类系列实验教材·计算机

U0674218

计算机组成原理实验

张 虹／主编 蔡焕夫 王春梅 副主编

JiSuanJi ZuCheng YuanLi ShiYan

经济科学出版社
Economic Science Press

图书在版编目（CIP）数据

计算机组成原理实验／张虹主编 . —北京：经济
科学出版社，2010.9
（应用型高等院校经管类系列实验教材·计算机）
ISBN 978 - 7 - 5058 - 9754 - 0

Ⅰ.①计… Ⅱ.①张… Ⅲ.①计算机体系结构 - 实验 -
高等学校 - 教材　Ⅳ.①TP303

中国版本图书馆 CIP 数据核字（2010）第 149470 号

责任编辑：白留杰　白　炜
责任校对：王凡娥
技术编辑：李长建

计算机组成原理实验
张　虹　主编
经济科学出版社出版、发行　新华书店经销
社址：北京市海淀区阜成路甲 28 号　邮编：100142
教材编辑中心电话：88191354　发行部电话：88191540
网址：www.esp.com.cn
电子邮件：bailiujie518@126.com
北京汉德鼎有限公司印刷
季峰装订厂装订
787×1092　16 开　10.75 印张　240000 字
2010 年 9 月第 1 版　2010 年 9 月第 1 次印刷
ISBN 978 - 7 - 5058 - 9754 - 0　定价：19.00 元

总　序

　　实践教学是高等教育本质的必然要求，是践行应用性人才培养的必经之路，是地方行业性教学型本科院校办学的重要特征。近几年来，各高校经济与管理类专业实验教学已经逐步开展，把实验教学作为教学改革的抓手、知识融合的平台以及联系社会的桥梁，然而如何进一步完善实验教学体系、提高实验实践教学水平与质量已经成为各高校亟待解决的问题。应用型高等院校经管类系列实验教材以提高高等院校经济与管理类专业实验教学的建设水平为目的，以实验教材建设为突破口，探讨高等院校经济与管理类实验教材的新方向、新思路、新内容、新模式。

　　本系列实验教材的编写紧紧围绕"知行合一，能力为尚，积淀特色，共享协作"的地方行业性教学型经济与管理类实验教学理念，贯彻以现代教育技术为基本手段，以实验资源共享与应用为条件，强化理论教学与实践教学互动与互补，"实践与理论相结合"和在"做中学"的指导思想，强调实验教材建设与实验课程建设、实验项目建设、实验教师队伍建设以及深化实验教学改革相结合，力图通过系列教材建设规范实验教学内容和实验项目，促进实验教学质量的提高。

　　（一）本系列实验教材内容与教学方式符合实验教学规律和要求。具体表现在以下几个方面：

　　1. 实验教材以实验项目为章节，按如下体例编写：实验目的和实验要求；实验的基本原理；实验仪器、软件和材料或实验环境；实验方法和操作步骤；实验注意事项；数据处理和实验结果分析；实验报告。当然，对于不同的课程，根据其本身的学科特点，实验教材的编写体例并不完全一致。

　　2. 增加综合性、设计性、创新性实验项目的比例，并逐步将科研成果项目转化为教材的实验项目。

　　3. 与当前流行的实验平台软件或硬件及教材内容紧密结合，符合一般软件要求。

　　4. 充分体现以学生为主体，明确实验教学的内涵。实验教学过程体现以学生操作为主，教师辅导为辅，少量时间教师讲解，大部分时间学生操作的特点。

　　5. 按实验教学规律分配学时，并且有多余的实验项目供学生利用开放实验室自主学习。

　　6. 内容精练，主次分明，详略得当，文字通俗易懂，图表与正文密切配合。

　　（二）本系列实验教材遵循实验教学规律，体现时代特色，总体来说，具有以下四个特点：

　　1. 与现代典型案例相结合。以培养应用型人才为原则，根据实验教学大纲，注重理论联系实际，教材具有较强的实践性、新颖性、启发性和适用性，有利于培养学生的实践能力和创新能力。

　　2. 建设形式新颖。实验教材分为纸质实验教材和网络资源的形式；纸质教材实验报告尝试做成活页形式，或做成可撕下的带切割线形式；在纸质教材出版，配套建有供学生实验前和实验后学习使用的网络资源。

3. 实验内容创新。对于实验教材编写内容上的创新，一是凸显应用型人才培养特色实验项目，提高了综合性、设计性、创新性实验项目的比例；二是将教师的科研成果转化为本科学生实验教学项目。

4. 编写程序严格。对实验教材的申请立项的实验教材经由学院领导及专家进行立项审查；实验教材初稿经由相关同行专家给出鉴定，最终审核后，送交出版社评审出版。

本系列教材得到各方面人士的指导、支持和帮助，尤其是得到中国经济信息学会实验经济学与经济管理实验室专业委员会的专家，广东金电集团等多家业界人士，以及各高校同行老师们的支持和帮助，我们在此表示由衷的感谢。本系列实验教材尚处于探索阶段，作为一种努力和尝试，存在诸多不足之处，竭诚希望得到广大同行及相关专家的批评指正。

应用型高等院校经管类系列实验教材编委会

2009 年 12 月

前　言

　　《计算机组成原理实验》是与计算机组成原理课程配套的实验课教材，是计算机科学与技术专业、电子通信、网络、信息等专业的必修专业实验课程。

　　本书采用清华大学科教仪器厂生产的 TEC-6G 计算机组成原理实验系统，针对计算机组成原理课程本科教学需要，设计了计算机各组成部件的实验以及基于微程序控制器、硬布线控制器的整机测试等验证型和综合型实验。目的是使学生通过实验进一步掌握计算机各个组成部件的工作原理，并真正系统地掌握计算机中各组成部件是如何协调工作的。除此之外本书还根据不同专业、不同层次学生的需要设计了部分大型综合设计型实验。目的是更好地培养学生的动手能力、工程意识和创新能力。

　　本书可与科学出版社出版的《计算机组成原理》教材（白中英主编）配套使用，也适于选用其他教材、又要使用 TEC-6G 计算机组成原理实验系统完成教学实验的院校。

　　TEC-6G 计算机组成原理实验系统中由一台 8 位字长的模型计算机和辅助电路组成。在 TEC-6G 模型计算机的结构中，采用累加器和通用寄存器相结合的硬件体系结构，有一个 8 位累加器，三个 8 位通用寄存器。这种硬件体系结构在单片机中经常使用。TEC-6G 模型计算机中有微程序控制器和硬布线控制器两种控制器。可以通过一次全切换方式实现两种控制器产生的控制信号之间的转换。这种一次全切换方式省去了接、插线操作，可靠性高，不需要关掉电源，优点突出。该模型计算机能够执行加法、减法、逻辑与、逻辑或、数据传送、存数、取数、进位为 1 转移、结果为 0 转移和停机等指令。该模型计算机硬件结构简单，清晰易懂，使学生更容易理解和掌握计算机各部件及整机的工作原理。

　　在 TEC-6G 计算机组成原理实验系统上进行实验时，需要的接、插线少，操作简单。

　　本书共分三部分，其中第一、二部分和第三部分的实验一至实验七由张虹副教授编写；第二部分的实验八至实验十一由蔡焕夫教授编写；第二、三部分的电路图由王春梅讲师绘制。张虹对全书进行了统编与审查。作者都有多年从事有关计算机硬件和软件的教学、科研工作经历。

　　在教材的编写过程中，得到了清华大学科教仪器厂和广州市扬中电子仪器有限公司的大力支持，在此表示诚挚的感谢。

　　由于编写时间仓促以及作者水平有限，本书可能有疏漏和不当之处，敬请广大读者批评指正。

编　者

目 录

第一部分 数字电路基础

第一部分

数字电路基础

第一章

基本逻辑关系和基本逻辑门电路

计算机硬件系统的每一个功能部件都是由基本的逻辑器件搭建而成。电子技术和数字逻辑设计的发展为计算机硬件设计的不断更新提供了必要的保障。本章将简要介绍逻辑代数基础、基本逻辑部件、组合逻辑电路部件、时序逻辑电路部件以及计算机硬件系统中常用逻辑芯片。

第一节 基本逻辑关系和基本逻辑门电路概述

在数字电路中，把电路的输入信号作为某种"原因"或"条件"，电路输出信号则是这种条件下的必然"结果"。即输出信号与输入信号之间存在一定的逻辑关系。数字电路就是实现这种逻辑关系的，因此，数字电路又称逻辑电路。

在数字逻辑电路中，只有两种相反的工作状态——高电平、低电平，分别用"1"和"0"表示。当用"1"表示高电平、"0"表示低电平时，称正逻辑关系，反之称为负逻辑关系。本课程采用正逻辑关系。

数字电路中，由开关元件组成的实现一定逻辑关系的电路称逻辑门电路。简称门电路。数字电路中的基本逻辑关系有三种："与"、"或"、"非"。相应的，基本门电路有"与门"、"或门"、"非门"。

一、与逻辑和与门

1. 与逻辑和与门。与逻辑指的是：只有当决定某一事件的全部条件都具备之后，该事件才发生，否则就不发生的一种因果关系。在逻辑运算中，与逻辑称为逻辑乘。

与门是指能够实现与逻辑关系的门电路。与门具有两个或多个输入端，一个输出端。

与门的输出和输入之间的逻辑关系用逻辑表达式表示为：

$$F = A \cdot B = AB \tag{1-1}$$

读作"A 与 B"。

两输入端与门的真值表如表 1-1 所示。

与门波形图如图 1-1 所示。

表 1-1　　与门真值表

输入		输出
A	B	F
0	0	0
0	1	0
1	0	0
1	1	1

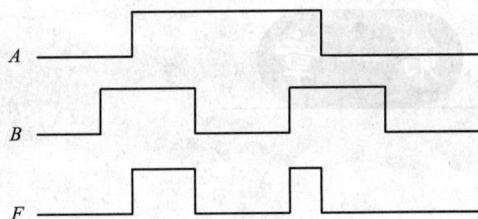

图 1-1　与门波形图

与门逻辑符号如图 1-2 所示。

2. 常用与门芯片。74LS08 是一种典型的与门芯片，是二输入四与门芯片。74LS08 引脚图如图 1-3 所示。

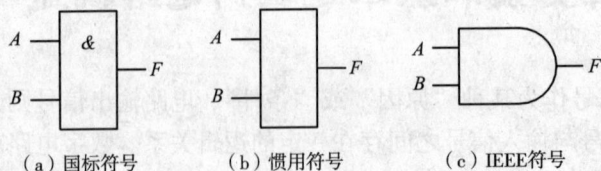

（a）国标符号　　（b）惯用符号　　（c）IEEE符号

图 1-2　与门逻辑符号

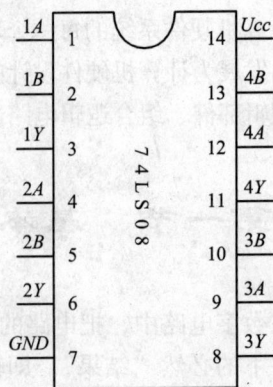

图 1-3　74LS08 引脚图

常用与门芯片有：

74LS08　二输入四与门；

74LS09　二输入四 OC 与门；

74LS11　三输入三与门；

74LS21　四输入双与门；

74LS134　十二输入三态输出与门。

二、或逻辑和或门

1. 或逻辑和或门。或逻辑指的是：在决定某事件的诸条件中，只要有一个或一个以上的条件具备，该事件就会发生；当所有条件都不具备时，该事件才不发生的一种因果关系。在逻辑运算中，或逻辑称为逻辑加。

或门是指能够实现或逻辑关系的门电路。或门具有两个或多个输入端，一个输出端。

或门的输出和输入之间的逻辑关系用逻辑表达式表示为：

$$F = A + B \qquad\qquad (1-2)$$

读作"A 或 B"。

两输入端或门的真值表如表 1-2 所示。

或门波形图如图 1-4 所示。

表 1-2　　或门真值表

输入	输出
A　B	F
0　0	0
0　1	1
1　0	1
1　1	1

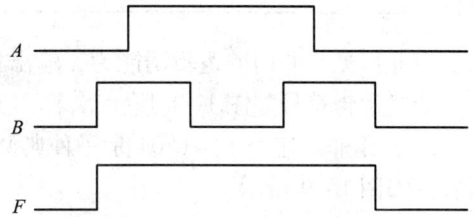

图 1-4　或门波形图

或门逻辑符号如图 1-5 所示。

2. 常用或门芯片。74LS32 是一种典型的或门芯片，是二输入四或门芯片。74LS32 芯片引脚图如图 1-6 所示。

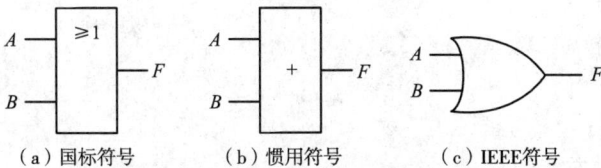

（a）国标符号　　（b）惯用符号　　（c）IEEE符号

图 1-5　或门逻辑符号

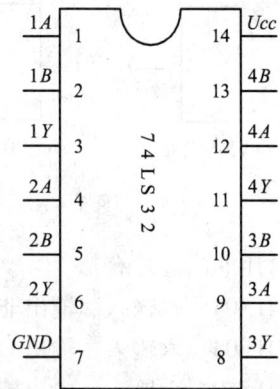

图 1-6　74LS32 引脚图

三、非逻辑和非门

1. 非逻辑和非门。非逻辑是指：决定某事件的唯一条件不满足时，该事件就发生；而条件满足时，该事件反而不发生的一种因果关系。在逻辑代数中，非逻辑称为"求反"。

非门是指能够实现非逻辑关系的门电路。非门只有一个输入端，一个输出端。

非门的输出和输入之间的逻辑关系用逻辑表达式表示为：

$$F = \bar{A} \tag{1-3}$$

读作"A 非"或"非 A"。

非门的真值表如表 1-3 所示。

非门波形图如图 1-7 所示。

表 1-3　　　非门真值表

输入	输出
A	F
0	1
1	1

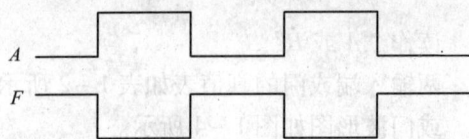

图 1-7　非门波形图

由此可见，非门的逻辑功能为，输出状态与输入状态相反，通常又称作反相器。

非门逻辑符号如图 1-8 所示。

2. 常用非门芯片。74LS04 是一种典型的非门芯片，是六输入、输出非门。74LS04 芯片引脚图如图 1-9 所示。

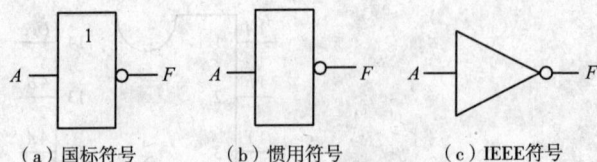

图 1-8　非逻辑符号

（a）国标符号　　（b）惯用符号　　（c）IEEE符号

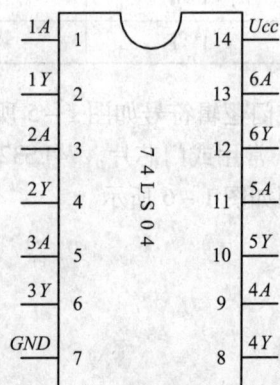

图 1-9　74LS04 引脚图

常用非门芯片有：

74LS04　　六输入、输出非门；

74LS04　　六输入、输出 OC 非门；

74LS19　　六输入、输出施密特触发非门；

74LS240　　八缓冲器、线驱动、线接收器三态非门。

第二节　复合逻辑门

由与门、或门和非门可以组合成其他逻辑门。把与门、或门、非门组成的逻辑门叫复合门。常用的复合门有与非门、或非门、异或门、与或非门等。

一、与非逻辑和与非门

1. 与非逻辑和与非门。与非逻辑指的是："与"和"非"的复合逻辑运算，即先求"与"，再求"非"的逻辑运算。又称"与非"运算。

实现与非复合运算的电路称为与非门。与非门具有两个或多个输入端，一个输出端。

与非门的输出和输入之间的逻辑关系用逻辑表达式表示为：

$$F = \overline{A \cdot B} = \overline{AB} \tag{1-4}$$

读作"A 与 B 的非"。

两输入端与非门真值表如表 1-4 所示。

与非门波形图如图 1-10 所示。

表 1-4　　与非门真值表

输入	输出
A　B	F
0　0	1
0　1	1
1　0	1
1　1	0

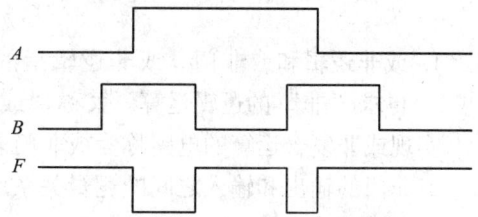

图 1-10　与非门波形图

与非门逻辑符号如图 1-11 所示。

2. 常用与非门芯片。74LS00 是一种典型的与非门芯片，是两输入四与非门。74LS00 芯片引脚图如图 1-12 所示。

常用与非门芯片有：

74LS00　两输入四与非门；

74LS01　两输入四 OC 与非门；

74LS03　两输入四 OC 与非门；

74LS10　三输入三与非门；

74LS12　三输入三 OC 与非门；

74LS13　四输入双与非门（施密特触发）；

74LS15　三输入三 OC 与非门；

74LS20　四输入双与非门；

74LS24　两输四双与非（施密特触发）；

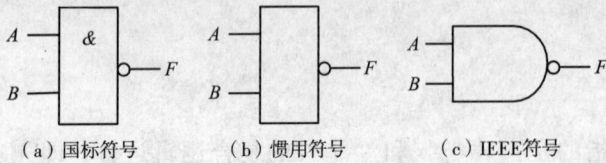

(a) 国标符号 　　(b) 惯用符号 　　(c) IEEE符号

图 1-11　与非门逻辑符号

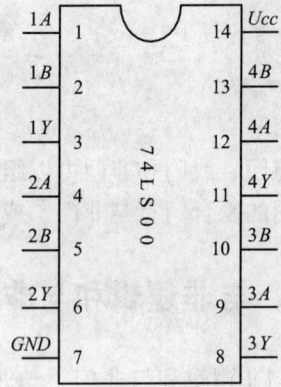

图 1-12　74LS00 引脚图

74LS30　八输入与非门；

74LS39　四输入双 OC 与非门；

74LS132　两输入四与非（施密特触发）；

74LS133　十三输入与非门；

74LS133　双四输入与非线驱动器。

二、或非逻辑和或非门

1. 或非逻辑和或非门。或非逻辑指的是："或"和"非"的复合逻辑运算，即先求"或"，再求"非"的逻辑运算。又称"或非"运算。

实现或非复合运算的电路称为或非门。或非门具有两个或多个输入端，一个输出端。

或非门的输出和输入之间的逻辑关系用逻辑表达式表示为：

$$F = \overline{A + B} \tag{1-5}$$

读作"A 或 B 的非"。

两输入端或非门真值表如表 1-5 所示。

或非门波形图如图 1-13 所示。

表 1-5　　或非门真值表

输入	输出
A　B	F
0　0	1
0　1	0
1　0	0
1　1	0

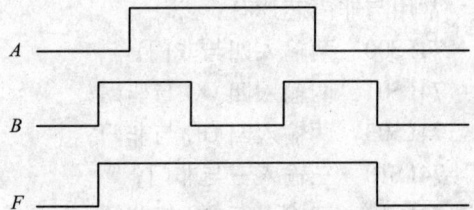

图 1-13　或非门波形图

或非门逻辑符号如图 1-14 所示。

2. 常用或非门芯片。74LS02 是一种典型的或非门芯片，是两输入四或非门。

74LS02 芯片引脚图如图 1 – 15 所示。

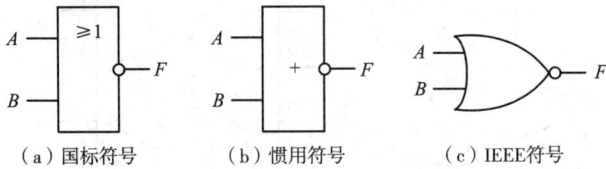

（a）国标符号　　　（b）惯用符号　　　（c）IEEE符号

图 1 – 14　或非门逻辑符号

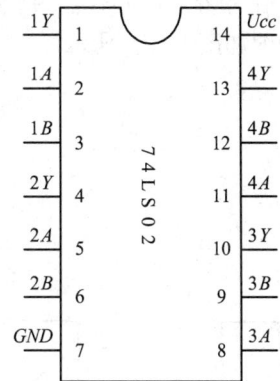

图 1 – 15　74LS02 引脚图

常用或非门芯片有：

74LS02　　两输入四或非门；

74LS27　　三输入端三或非门；

74LS28　　两输入端四或非门缓冲器；

74LS260　　五输入端双或非门。

三、异或逻辑和异或门

1. 异或逻辑和异或门。异或逻辑指的是：当两个输入变量的取值相同时，输出变量取值为0；当两个输入变量的取值相异时，输出变量取值为1。又称"异或"运算。

能够实现异或逻辑关系的逻辑门叫异或门。异或门只有两个输入端和一个输出端。

异或门的输出和输入之间的逻辑关系用逻辑表达式表示为：

$$F = A \oplus B = \overline{A} B + A \overline{B} \tag{1-6}$$

读作"A 异或 B"。式中，符号 $\oplus$ 表示异或逻辑。

两输入端异或门真值表如表 1 – 6 所示。

异或门波形图如图 1 – 16 所示。

表 1 – 6　异或门真值表

输入		输出
A	B	F
0	0	0
0	1	1
1	0	1
1	1	0

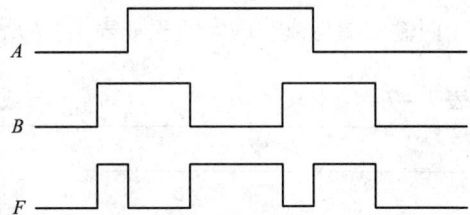

图 1 – 16　异或门波形图

异或门逻辑符号如图 1 – 17 所示。

2. 常用异或门芯片。74LS86 是一种典型的异或门芯片，是两输入四异或门。74LS86 芯片引脚图如图 1 – 18 所示。

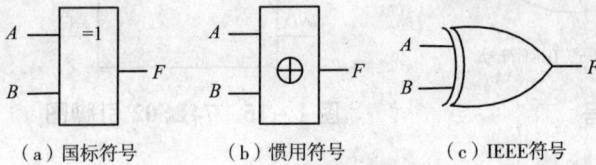

（a）国标符号　　　（b）惯用符号　　　（c）IEEE符号

图 1 – 17　异或门逻辑符号

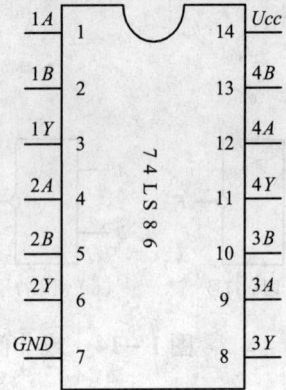

图 1 – 18　74LS86 引脚图

常用异或门芯片有：

74LS86　　两输入四异或门；

74LS135　　四异或门/异或非门；

74LS386　　两输入四异或门。

四、与或非逻辑和与或非门

1. 与或非逻辑和与或非门。与或非逻辑指的是：当任一组与门输入端全为高电平或所有输入端全为高电平时，输出为低电平；当任一组与门输入端有低平或所有输入端全为低电平时，输出为高电平。又称"与或非"运算。

把两个与门、一个或门和一个非门联结起来，就构成了与或非门。它有多个输入端、一个输出端。

与或非门的输出和输入之间的逻辑关系用逻辑表达式表示为：

$$F = \overline{AB + CD} \tag{1-7}$$

读作"A 与 B 的非"。

两输入端与或非门真值表如表 1 – 7 所示。

表 1 – 7　　　　　　　　　　　与或非门真值表

输　　入				输　　出
A	B	C	D	F
0	0	0	0	1
0	0	0	1	1
0	0	1	0	1

输 入	输 出
A B C D	F
0 0 1 1	0
0 1 0 0	1
0 1 0 1	1
0 1 1 1	1
1 0 0 0	0
1 0 0 1	1
1 0 1 0	1
1 0 1 1	1
1 1 0 0	0
1 1 0 1	0
1 1 1 0	0
1 1 1 1	0

与或非门波形图如图 1-19 所示。

与或非门逻辑符号如图 1-20 所示。

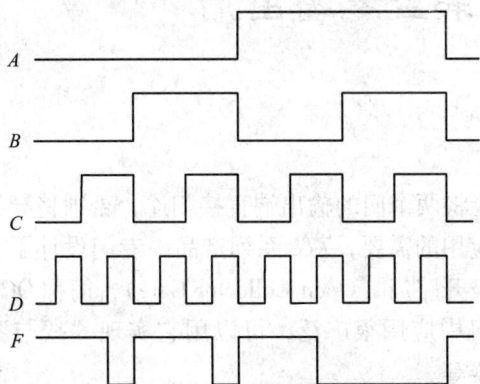

图 1-19　与或非门波形图

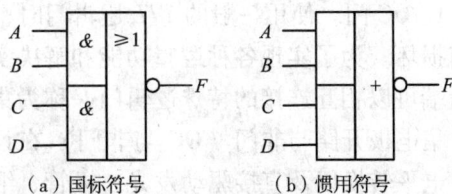

（a）国标符号　　　（b）惯用符号

图 1-20　与或非门逻辑符号

2. 常用与或非芯片。74LS51 是一种典型的与或非芯片，有双二路 2-2 输入与或非门和二路 3-3 输入，2-2 输入与或非门。

二路 3-3 输入，2-2 输入与或非门芯片 74LS51 引脚图如图 1-21 所示。

74LS51 逻辑图如图 1-22 所示。

常用与或非芯片有：

74LS50　双二路 2-2 输入与或非门（一门可扩展）；

74LS51　双二路 2-2 输入与或非门；

74LS51　二路 3-3 输入，2-2 输入与或非门；

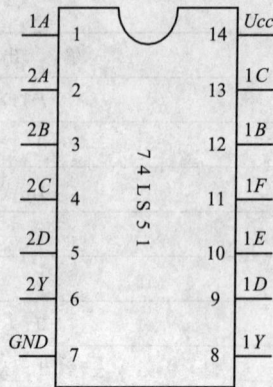

图 1-21　74LS51（二路3-3、2-2输入）引脚图　　　图 1-22　74LS51 逻辑图

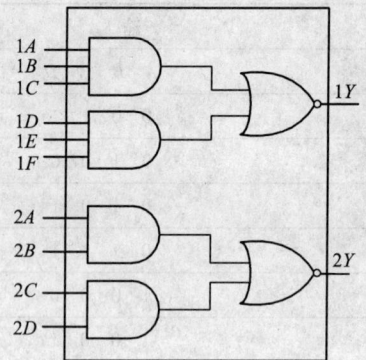

74LS53　四路 2-3-2-2 输入与或非门（可扩展）；

74LS53　四路 2-3-3-2 输入与或非门（可扩展）；

74LS54　四路 2-2-2-2 输入与或非门；

74LS54　四路 2-3-3-2 输入与或非门；

74LS54　四路 2-2-3-2 输入与或非门；

74LS55　二路 4-4 输入与或非门（可扩展）。

第三节　OC 门和三态输出门

一、OC 门

1. OC 门。使用一般的 *TTL* 逻辑门时，不能将两个门的输出端直接相连，否则将导致逻辑门损坏。为了实现各种逻辑功能和解决实际应用的需要，*TTL* 系列产品中专门设计了一种输出端可以相互连接的特殊逻辑门，称为集电极开路门（Open Collector Gate），简称 OC 门。

集电极开路与非门（OC 与非门）在计算机中应用很广泛，可以用它实现"线与"逻辑、电平转换以及直接驱动发光二极管、继电器等。

OC 与非门的逻辑符号如图 1-23 所示。

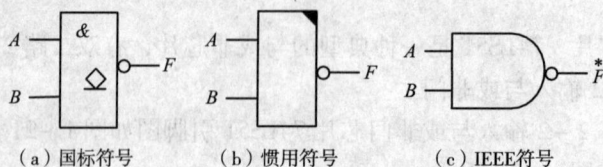

（a）国标符号　　　（b）惯用符号　　　（c）IEEE符号

图 1-23　OC 与非门逻辑符号

2. 常用 OC 门芯片。74LS03 是一种典型的 OC 与非门芯片，是两输入四 OC 与非门。74LS03 芯片引脚图如图 1-24 所示。

常用 OC 门芯片有：

74LS01　两输入四 OC 与非门；

74LS03　两输入四 OC 与非门；

74LS09　两输入四 OC 与非门；

74LS05　六 OC 倒相器；

74LS12　三输入三 OC 与非门；

74LS22　四输入双 OC 与非门；

74LS35　六 OC 缓冲器；

74LS65　四路 4 - 2 - 3 - 2 输入 OC 与或非门；

74LS136　两输入四 OC 异或门。

3. OC 门的用途。OC 门的主要用途有以下三个方面：

（1）OC 门电路实现与或非逻辑。用 n 个 OC 门实现与或非逻辑的电路如图 1 - 25 所示。

将 n 个 OC 与非门按图 1 - 25 所示连接，只要其中有一个输出为低电平，输出 F 便为低电平；仅当 n 个门的输出均为高电平时，输出 F 才为高电平。即：

$$F = F_1 \cdot F_2 \cdots \cdot F_n = \overline{A_1 B_1} \cdot \overline{A_1 B_2} \cdots \cdot \overline{A_n B_n}$$

从而实现了两个与非门输出相"与"的逻辑功能。由于这种与逻辑功能并不是由与门实现的，而是由输出端引线连接实现的，故称为"线与"逻辑。

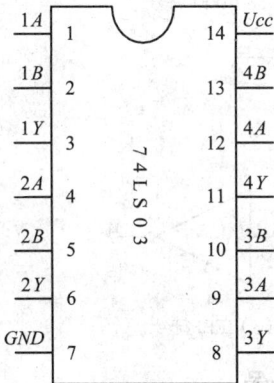

图 1 - 24　74LS03 引脚图　　　　图 1 - 25　用 OC 门实现与或非逻辑

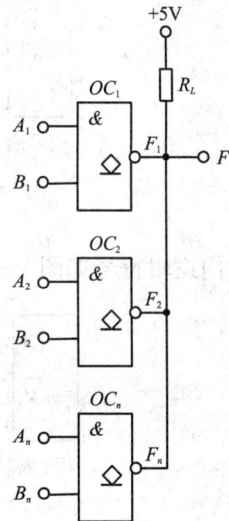

（2）用 OC 门电路实现电平转换。在数字系统的接口部分常需要进行所示电平转换，这可用 OC 门来实现。

用 OC 门把输出高电平变换为 10V 的电路如图 1 - 26 所示。

（3）OC 门电路做驱动器。OC 与非门可以直接驱动发光二极管、继电器等。用 OC 与非门直接驱动电压高于 5V 的继电器（KA 为继电器线圈）如图 1 - 27 所示。

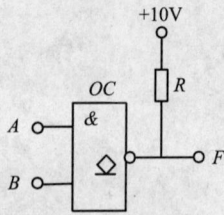

图1-26　用OC门实现电平转换

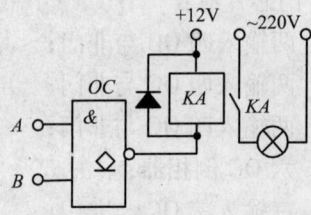

图1-27　OC与非门做驱动

二、三态输出门（TS门）

1. 三态门。三态门，是指逻辑门的输出除有高、低电平两种状态外，还有第三种状态——高阻状态的门电路。高阻状态又称禁止态，此时三态门输出端与其他电路的连接断开。三态门都有一个 EN 控制使能端，来控制门电路的通断。可以具备这三种状态的器件就叫做三态门。三态门是一种扩展逻辑功能的输出级，也是一种控制开关。三态门常用于控制在一条传输线上传送不同部件的信号，如双向数据总线就是利用一组三态门电路控制数据的读出或写入的。

常用的三态门有恒等门和非门。

三态恒等门逻辑符号如图1-28所示。

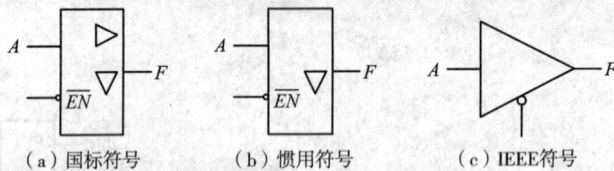

（a）国标符号　　　　（b）惯用符号　　　　（c）IEEE符号

图1-28　三态恒等门逻辑符号

三态非门逻辑符号如图1-29所示。

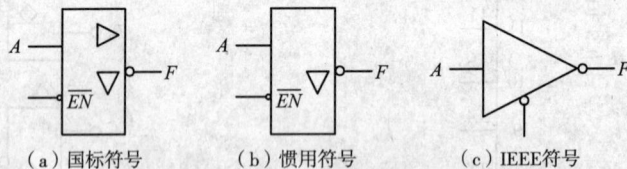

（a）国标符号　　　　（b）惯用符号　　　　（c）IEEE符号

图1-29　三态非门逻辑符号

三态门结构是由普通逻辑门增加了一个控制信号构成的。图1-28是由恒等门和控制开关 $\overline{EN}$ 组成的三态恒等门。当 $\overline{EN}=0$ 时，开关接通，三态门传输信号，输出 F 等于输入 A，称为工作状态；当 $\overline{EN}=1$ 时，开关断开，三态门不能传输信号，且有很高的输出阻抗，称为高阻态。

图1-29是由非门和控制开关 $\overline{EN}$ 组成的三态非门。当 $\overline{EN}=0$ 时，开关接通，三态门

传输信号，输出 F 等于输入 $\overline{A}$ 的非，称为工作状态；当 $\overline{EN}=1$ 时，开关断开，三态门不能传输信号，且有很高的输出阻抗，称为高阻态。

三态恒等门和非门真值表如表 1-8。

表 1-8   恒等门和非门真值表

恒 等 门		非 门	
输入	输出	输入	输出
$\overline{EN}$ A	F	$\overline{EN}$ A	F
0 0	0	0 0	1
0 1	1	0 1	0
1 x	高阻	1 x	高阻

2. 常用的三态门芯片。74LS134 是一种典型的三态与非门芯片，是三态输出十二输入端与非门。74LS134 芯片引脚图如图 1-30 所示。

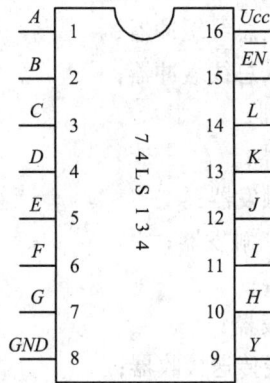

图 1-30   74LS134 引脚图

常用的三态门芯片有：

74LS125   三态输出四总线缓冲门；

74LS126   三态输出四总线缓冲门；

74LS134   三态输出十二输入端与非门；

74LS240   三态输出反相八缓冲器、线驱动器、线接收器；

74LS241   三态输出正相八缓冲器、线驱动器、线接收器；

74LS244   三态输出八路缓冲驱动；

74LS251   三态输出 8 选 1 数据选择器/复工器；

74LS253   三态输出双 4 选 1 数据选择器/复工器；

74LS257   三态原码四 2 选 1 数据选择器/复工器；

74LS258   三态反码四 2 选 1 数据选择器/复工器；

74LS299　三态输出八位通用移位寄存器；

74LS323　三态输出八位双向移位/存储寄存器；

74LS353　三态输出双 4 选 1 数据选择器/复工器；

74LS365　使能输入三态输出六同相线驱动器；

74LS365　使能输入三态输出六同相线驱动器；

74LS366　使能输入三态输出六反相线驱动器；

74LS367　4/2 线使能输入三态六同相线驱动器；

74LS368　4/2 线使能输入三态六反相线驱动器；

74LS353　三态输出双 4 选 1 数据选择器/复工器；

74LS365　使能输入三态输出六同相线驱动器；

74LS366　使能输入三态输出六反相线驱动器；

74LS367　4/2 线使能输入三态六同相线驱动器；

74LS368　4/2 线使能输入三态六反相线驱动器；

74LS373　三态同相八 D 锁存器；

74LS374　三态反相八 D 锁存器；

74LS465　三态同相 2 与使能端八总线缓冲器；

74LS466　三态反相 2 与使能端八总线缓冲器；

74LS467　三态同相 2 使能端八总线缓冲器；

74LS468　三态反相 2 使能端八总线缓冲器；

74LS533　三态反相八 D 锁存器；

74LS534　三态反相八 D 锁存器；

74LS563　八位三态反相输出触发器；

74LS564　八位三态反相输出 D 触发器；

74LS573　八位三态输出触发器；

74LS574　八位三态输出 D 触发器；

74LS645　三态输出八同相总线传送接收器；

74LS670　三态输出 4×4 寄存器堆。

第二章

逻 辑 代 数 基 础

逻辑代数是讨论逻辑关系的一门学科，它是分析和设计逻辑电路的数学基础。逻辑代数是由英国科学家乔治·布尔（George·Boole）创立的，故又称布尔代数。

逻辑代数也是用字母表示变量，但是逻辑代数和普通代数有着根本的区别。逻辑代数中的逻辑变量只有两种可能取值——0和1，而且这里的0和1不同于普通代数中的0和1。它只表示两种对立的逻辑状态，并不表示数量的大小。

第一节 逻辑代数的基本关系和运算

在逻辑运算中，基本的逻辑关系有与、或、非三种。在逻辑代数中，相应地也有三种基本运算，即与运算、或运算和非（求反）运算。

一、与运算（逻辑乘）

1. 与运算逻辑关系。与运算逻辑关系为：

$$F = AB \tag{2-1}$$

2. 与运算的规则。与运算的规则为：

$$0 \cdot 0 = 0 \qquad 0 \cdot 1 = 0 \qquad 1 \cdot 0 = 0 \qquad 1 \cdot 1 = 1$$

$$A \cdot 0 = 0 \qquad A \cdot 1 = A \qquad A \cdot A = A$$

与门是实现与运算的逻辑电路。

二、或运算（逻辑和）

1. 或运算的逻辑关系。或运算的逻辑关系为：

$$F = A + B \tag{2-2}$$

2. 或运算的规则。或运算的规则为：

$$0+0=0 \qquad 0+1=1 \qquad 1+0=1 \qquad 1+1=1$$
$$A+0=A \qquad A+1=1 \qquad A+A=A$$

或门是实现或运算的逻辑电路。

三、非运算（求反运算）

1. 非运算的逻辑关系。非运算的逻辑关系为：

$$F=\bar{A} \tag{2-3}$$

2. 非运算的规则。非运算的规则为：

$$\bar{0}=1 \qquad \bar{1}=0$$
$$A+\bar{A}=1 \qquad A \cdot \bar{A}=0 \qquad \bar{\bar{A}}=A$$

非门是实现非运算的逻辑电路。

第二节　逻辑代数的基本定律

逻辑代数不但有与普通代数相似的交换律、结合律和分配律，其本身还有一些特殊定律。常用的定律如下：

1. 交换律公式：

$$A+B=B+A \tag{2-4}$$
$$A \cdot B=B \cdot A \tag{2-5}$$

2. 结合律公式：

$$(A+B)+C=A+(B+C) \tag{2-6}$$
$$(A \cdot B) \cdot C=A \cdot (B \cdot C) \tag{2-7}$$

3. 分配律公式：

$$A \cdot (B+C)=A \cdot B+A \cdot C \tag{2-8}$$
$$A+B \cdot C=(A+B) \cdot (A+C) \tag{2-9}$$

4. 重叠律公式：

$$A+A=A \tag{2-10}$$
$$A \cdot A=A \tag{2-11}$$

5. 0-1律公式：

$$A+0=A \tag{2-12}$$
$$A+1=1 \tag{2-13}$$
$$A \cdot 0=0 \tag{2-14}$$

$$A \cdot 1 = A \tag{2-15}$$

6. 互补律公式:

$$A + \bar{A} = 1 \tag{2-16}$$

$$A \cdot \bar{A} = 0 \tag{2-17}$$

7. 对合律公式:

$$\bar{\bar{A}} = A \tag{2-18}$$

8. 摩根定律公式:

$$\overline{A + B} = \bar{A} \cdot \bar{B} \tag{2-19}$$

$$\overline{A \cdot B} = \bar{A} + \bar{B} \tag{2-20}$$

9. 吸收律公式:

$$A + A \cdot B = A \tag{2-21}$$

$$A + \bar{A} \cdot B = A + B \tag{2-22}$$

$$A \cdot (A + B) = A \tag{2-23}$$

$$A \cdot (\bar{A} + B) = A \cdot B \tag{2-24}$$

$$A \cdot B + \bar{A} \cdot B = B \tag{2-25}$$

$$(A + B) \cdot (\bar{A} + B) = B \tag{2-26}$$

$$(A + B) \cdot (A + C) = A + B \cdot C \tag{2-27}$$

10. 多余项律公式:

$$A \cdot B + \bar{A} \cdot C + B \cdot C = A \cdot B + \bar{A} \cdot C \tag{2-28}$$

$$(A + B) \cdot (\bar{A} + C) \cdot (B + C) = (A + B) \cdot (\bar{A} + C) \tag{2-29}$$

第三节　逻辑代数的基本规则

在逻辑代数中,利用代入规则、对偶规则、反演规则可由基本定律推导出更多的公式。

一、代入规则

在任何一个逻辑等式中,如果等式两边所有出现某一变量(如 A)的位置都代以一个逻辑函数(如 F),则等式仍成立。这个规则就是代入规则。

代入规则扩大了逻辑等式的应用范围。

例如，已知 $\overline{A \cdot B} = \bar{A} + \bar{B}$ 若用 $F = BC$ 来代替等式中的 B，则等式仍成立，故有：

$$\overline{A \cdot B \cdot C} = \bar{A} + \bar{B} + \bar{C}$$

二、对偶规则

任意函数 F，若将表达式中的"·"换成"+"、"+"换成"·"；"0"换成"1"，"1"换成"0"，而变量保持不变，原式中的运算优先顺序不变。得到的式子称 F 的对偶式 F'。若 $F = G$，则 $F' = G'$。这就是对偶规则。

【例 2 -1】已知 $F = A \cdot (\bar{A} + B) = A \cdot B$，求其对偶式 F'。

解：利用对偶规则，可得到：$F' = A + (\bar{A} \cdot B) = A + B$

三、反演规则

已知函数 F，欲求其反函数 $\bar{F}$ 时，只要将 F 式中所有的"·"换成"+"、"+"换成"·"；"0"换成"1"，"1"换成"0"；原变量换成反变量，反变量换成原变量，则所得到的逻辑表达式 $\bar{F}$ 称为原函数 F 的函数，又称 $\bar{F}$ 为函数 F 反演式。这种变换方法称为反演规则。

利用反演规则可以比较容易地求出一个函数的反函数。

【例 2 -2】求函数 $F = \bar{A} \cdot B + C \cdot \bar{D} + 0$ 的反函数 $\bar{F}$。
解：利用反演规则可得：

$$\bar{F} = (A + \bar{B}) \cdot (\bar{C} + D) \cdot 1$$

【例 2 -3】证明加法对乘法的分配律：$A + BC = (A + B)(A + C)$。
证：

$$
\begin{aligned}
\because (A + B)(A + C) &= AA + AC + AB + BC \\
&= A + AC + AB + BC && \text{（重叠律）} \\
&= A(1 + B + C) + BC \\
&= A + BC && \text{（0 - 1 律）}
\end{aligned}
$$

$\therefore A + BC = (A + B)(A + C)$，得证。

【例 2 -4】求证 $A + \bar{A} \cdot B = A + B$
证：

$$
\begin{aligned}
\because A + \bar{A} \cdot B &= (A + \bar{A})(A + B) && \text{（加法对乘法的分配律）} \\
&= 1 \cdot (A + B) && \text{（互补律）} \\
&= A + B && \text{（0 - 1 律）}
\end{aligned}
$$

$\therefore A + \bar{A} \cdot B = A + B$，得证。

【例 2 - 5】已知 $F = \overline{A}(B + C\overline{D}) + \overline{B}C$，求 $\overline{F}$。

解：

$$\overline{F} = \overline{\overline{A}(B + C\overline{D}) + BC}$$

$$= \overline{\overline{A}(B + C\overline{D})} \cdot \overline{BC}$$

$$= (A + \overline{B + C\overline{D}})(B + \overline{C})$$

$$= (A + \overline{B} \cdot \overline{C\overline{D}})(B + \overline{C})$$

$$= [A + \overline{B}(\overline{C} + D)](B + \overline{C})$$

若运用反演规则，可直接求出：

$$\overline{F} = [A + \overline{B}(\overline{C} + D)](B + \overline{C})$$

第四节 逻辑函数的表示形式

一、与或式和或与式

一个由若干个与项相或构成的函数表达式称与或式。如：

$$F(A, B, C) = A + BC + A\overline{C}$$

一个由若干个或项相与构成的函数表达式称或与式。如：

$$F(A, B, C) = (A + B)(A + \overline{C})$$

二、最小项和标准与或式

1. 最小项定义。在 n 变量逻辑函数中，若 m 为包含 n 个因子的乘积项，而且这 n 个变量均以原变量或反变量的形式在 m 中出现一次，则称 m 为该组变量的最小项。

2. 最小项的性质。最小项性质如下：

（1）在输入变量的任何取值下必有一个最小项，而且仅有一个最小项的值为 1；

（2）全体最小值之和为 1；

（3）任意两个最小项的乘积为 0；

（4）具有相邻性的两个最小项之和可以合并成一项并消去一对因子。

3. 最小项的相邻性。若两个最小项只有一个因子不同，则称这两个最小项具有相邻性。

当 $n = 3$ 时，最小项的个数是 8，即 $\overline{A}\,\overline{B}\,\overline{C}$，$\overline{A}\,\overline{B}\,C$，$\cdots$，$ABC$，用下标法表示为 m_0，m_1，$\cdots$，m_7。

当 $n=4$ 时，最小项的个数是 16，即 $\bar{A}\,\bar{B}\,\bar{C}\,\bar{D}$，$\bar{A}\,\bar{B}\,\bar{C}D$，…，$ABCD$，用下标法表示为 m_0，m_1，…，m_{15}。

如函数 $F(A,\,B,\,C)=\bar{A}\,\bar{B}\,\bar{C}+\bar{A}BC+A\bar{B}\,\bar{C}=m_0+m_3+m_4$

$$= \sum m(0,\,3,\,4) \text{ 是标准与或式。}$$

三、最大项和标准或与式

1. 最大项定义。在 n 变量逻辑函数中，若 M 为 n 个变量之和，而且这 n 个变量均以原变量或反变量的形式在 M 中出现一次，则称 M 为该组变量的最大项。

2. 最大项性质。最大项性质如下：

（1）在输入变量的任何取值下必有一个最大项，而且只有一个最大项的值为 0；

（2）全体最大项之积为 0；

（3）任意两个最大项之和为 1；

（4）只有一个变量不同的两个最大项的乘积等于各相同变量之和。

当 $n=3$ 时，最大项的个数是 8，即 $A+B+C$，$A+B+\bar{C}$，…，$\bar{A}+\bar{B}+\bar{C}$，用下标法表示为 M_0，M_1，…，M_7。

当 $n=4$ 时，最大项有 16 个，即 $A+B+C+D$，$A+B+C+\bar{D}$，…，$\bar{A}+\bar{B}+\bar{C}+\bar{D}$，用下标法表示为 M_0，M_1，…，M_{15}。

如函数 $F(A,\,B,\,C)=(A+B+C)\cdot(A+\bar{B}+\bar{C})\cdot(\bar{A}+B+C)$

$$=M_0+M_3+M_4$$

$$=\prod M\,(0,\,3,\,4)\ \text{是标准或与式。}$$

四、标准与或式和标准或与式间的关系

任一函数的标准与或式可以得到对应的标准或与式，如：

$$F(A,\,B,\,C)=\sum m(1,\,3,\,5,\,7)=\prod M(0,\,2,\,4,\,6)$$

反之亦然。

最大项和最小项之间的关系：

$$M_0=A+B+C=\overline{\bar{A}\,\bar{B}\,\bar{C}}=\overline{m_0}$$

$$\vdots$$

$$M_7=\bar{A}+\bar{B}+\bar{C}=\overline{ABC}=\overline{m_7}$$

五、最简表达式的基本形式

最简的含义是所含项数最少，且每项中所含变量最少。

最简表达式的基本形式有五种：与或式、与非－与非式、与或非式、或与式、或非－或非式。它们间的相互转换方法：

1. 与或式→与非－与非式。可以对与或式两次求反，再用反演律展开。

2. 与或式→或与式。先对 F 的与或式求反，得到 $\overline{F}$ 的最简与或式，再对 $\overline{F}$ 求反，展开后化简。

3. 或与式→或非－或非式。对或与式两次求反，再用反演律展开。

4. 与或式→与或非式。先对 F 的与或式求反，得到 $\overline{F}$ 的最简与或式，再对 F 求反。

第五节 几种逻辑函数表示法的转换

如前所述，逻辑函数有多种表示法，它们之间可以相互转换。

一、由逻辑表达式求真值表

按照逻辑表达式，对变量各种可能取值进行运算，求出对应的函数值，再把变量和函数值一一对应列成表格，即得到真值表。

【例 2－6】已知 $F = AB + \overline{A}\,\overline{B}$，列出其真值表。

解：函数有两个变量 A、B，取值有 $2^2 = 4$ 个组合，即：

$A = 0$，$B = 0$；
$A = 0$，$B = 1$；
$A = 1$，$B = 0$；
$A = 1$，$B = 1$。

按逻辑表达式运算，分别得：

$F = 1$；
$F = 0$；
$F = 0$；
$F = 1$。

把它们对应排列起来，即得到如表 2－1 所示的真值表。

表 2－1

输 入	输 出
A B	F
0 0	1
0 1	0
1 0	0
1 1	1

二、由真值表写逻辑表达式

将真值表中函数值等于 1 的变量组合选出来；对于每一个组合，凡取值为 1 的变量写成原变量，取值为 0 的变量写成反变量，各变量相乘后得到一个乘积项；最后，把各个组合对应的乘积项相加，就得到了相应的逻辑表达式。

【例 2 - 7】试根据表 2 - 2，写出相应的逻辑表达式。

表 2 - 2

输 入	输 出
$A \quad B$	F
0 0	0
0 1	1
1 0	1
1 1	0

解：从表中看到，当 $A = 0$、$B = 1$ 时，$F = 1$；

当 $A = 1$、$B = 0$ 时，$F = 1$。

因此可写出相应的逻辑表达式为：

$$F = \bar{A}B + A\bar{B}$$

真值表还可用来证明一些定理。

【例 2 - 8】试用真值表证明摩根定理 $\overline{A + B} = \bar{A} \cdot \bar{B}$。

证：

设：$F_1 = \overline{A + B}$，$F_2 = \overline{A \cdot B}$，分别列出相应的真值表，如表 2 - 3 所示。

表 2 - 3

输 入	输 出
$A \quad B$	$F_1 \quad F_2$
0 0	1 1
0 1	1 1
1 0	1 1
1 1	0 0

从真值表得：$F_1 = F_2$，

∴ $\overline{A + B} = \bar{A} \cdot \bar{B}$，得证。

第六节 逻辑函数和逻辑图的转换

一、由逻辑图求逻辑函数

通常有两种方法由逻辑图求得逻辑函数。一是根据逻辑图列出对应的真值表，再由真值表写出逻辑函数；二是由逻辑图中各逻辑元件的输入、输出关系逐级写出输出端的逻辑表达式。

【例 2 - 9】试求出图 2 - 1 的逻辑表达式。

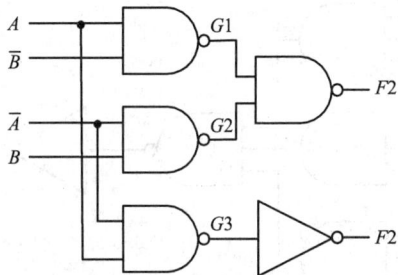

图 2 - 1

解：从图 2 - 1 得：

$$G_1 = \overline{A \cdot \overline{B}}$$

$$G_2 = \overline{\overline{A} \cdot B}$$

$$G_3 = \overline{A \cdot B}$$

$$F_1 = \overline{G_1 \cdot G_2} = \overline{\overline{A \cdot \overline{B}} \cdot \overline{\overline{A} \cdot B}}$$

$$= A\overline{B} + \overline{A} B = A \oplus B$$

$$F_2 = \overline{G_3} = \overline{\overline{A \cdot B}}$$

$$= AB$$

列真值表求逻辑表达式的方法较为直观，但变量过多时就十分烦琐，后一种方法较为简便。

二、根据逻辑函数画出逻辑图

与、或、非的运算组合可实现逻辑函数表达式，相应地，通过基本门电路的组合就能得到与给定逻辑表达式相对应的逻辑图。

【例 2 - 10】已知 $F = (A + B + C)(A + \overline{B} + C)(\overline{A} + \overline{B} + \overline{C})$，试用与非门实现这个逻辑关系。

解：

$$F = \overline{\overline{F}} = \overline{\overline{(A+B+C)(A+\overline{B}+C)(\overline{A}+\overline{B}+\overline{C})}}$$

$$= \overline{\overline{(A+B+C)} + \overline{(A+\overline{B}+C)} + \overline{(\overline{A}+\overline{B}+\overline{C})}}$$

$$= \overline{\overline{A}\,\overline{B}\,\overline{C} + \overline{A}B\overline{C} + ABC}$$

$$= \overline{\overline{A}\,\overline{B}\,\overline{C}} \cdot \overline{\overline{A}B\overline{C}} \cdot \overline{ABC}$$

所得到的逻辑图如图 2 – 2 所示。

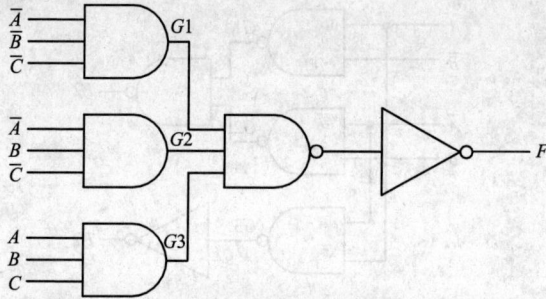

图 2 – 2

第三章

计算机中常用组合逻辑电路

若一个逻辑电路,在任一时刻的输出仅取决于该时刻输入变量取值组合,而与电路以前的状态无关,则电路称为组合逻辑电路(简称组合电路)。组合逻辑电路可用一组逻辑函数描述。

组合电路根据输出变量分为单输出组合逻辑电路和多输出组合逻辑电路。组合逻辑电路特点如下:

(1)电路中不存在输出端到输入端的反馈通路;

(2)电路不包含记忆元件;

(3)电路的输出状态只由输入状态决定。

在计算机中常用的组合逻辑电路有编码器(ENC)、译码器(DEC)、数据选择器(MUX)和数据分配器等。

第一节　编码器(ENC)

在逻辑电路中用二进制表示文字、符号或者数码等特定对象的过程称为编码。实现编码的组合逻辑电路称为编码器。目前经常使用的编码器有普通编码器和优先编码器两类。

一、普通编码器的特点

普通编码器的特点如下:

(1)普通编码器是多输入、多输出的组合逻辑电路。它有多个输入端 N,多个输出端 n。且满足关系:$2^n = N$。

(2)普通编码器某一时刻只允许输入一个编码信号,这个编码信号可以是"0",也可以是"1"。当某一个编码信号为"0"时,其他信号必须全为"1";当某一个编码信号为"1"时,其他信号必须全为"0"。

(3)某一输入与它的编码输出是唯一对应关系。

二、优先编码器

在优先编码器电路中，允许同时输入两个以上的信号。不过在设计优先编码器时将所有的输入信号按优先顺序排队，当几个输入信号同时出现时，只对其中优先权最高的一个进行编码。

优先编码器电路由优先排队电路和普通编码器组成，如图 3-1 所示。

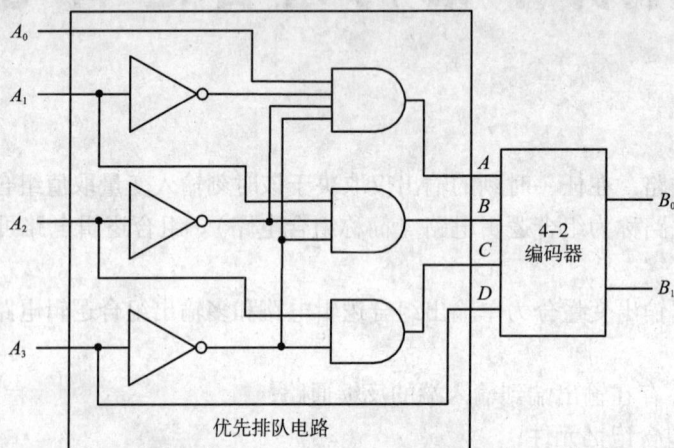

图 3-1 4-2 优先权编码器电路

图 3-1 中，A_3 优先权最高，A_0 优先权最低。优先排队电路的逻辑表达式为：

$$A = A_0 \overline{A_1} \overline{A_2} \overline{A_3}$$

$$B = A_1 \overline{A_2} \overline{A_3}$$

$$C = A_2 \overline{A_3}$$

$$D = A_3$$

当 $A_0 = 1$ 有信号，且 $A_1 = A_2 = A_3 = 0$ 无信号时，$B_1 B_0 = 00$ 有编码输出；当 $A_1 = 1$ 有信号，且 $A_0 = x$（$x = 0$ 或 1），$A_2 = A_3 = 0$ 无信号时，$B_1 B_0 = 01$ 有编码输出，依此类推。A_3 的优先级最高。

三、常用编码器芯片

74LS147 和 74LS148 两种常用的编码器芯片。74LS147 是 10 线 - 4 线优先编码器芯片；74LS148 是 8 线 - 3 线优先编码器。

74LS147 芯片引脚图如图 3-2 所示。

74LS147 优先编码器有 9 个输入端和 4 个输出端。某个输入端为 0，代表输入某一个十进制数。当 9 个输入端全为 1 时，代表输入的是十进制数 0。4 个输出端反映输入十进制数的 *BCD* 码编码输出。

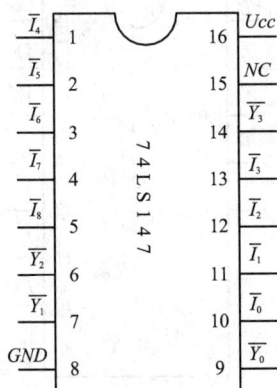

图 3-2　74LS147 引脚图

74LS147 优先编码器的输入端和输出端都是低电平有效，即当某一个输入端低电平 0 时，4 个输出端就以低电平 0 的输出其对应的 8421BCD 编码。当 9 个输入全为 1 时，4 个输入出也全为 1，代表输入十进制数 0 的 8421BCD 编码输出。

74LS147 芯片真值表如表 3-1 所示。

表 3-1　　　　　　　　　　　　　　74LS147 真值表

输　入									输　出			
$\overline{I_8}$	$\overline{I_7}$	$\overline{I_6}$	$\overline{I_5}$	$\overline{I_4}$	$\overline{I_3}$	$\overline{I_2}$	$\overline{I_1}$	$\overline{I_0}$	$\overline{Y_3}$	$\overline{Y_2}$	$\overline{Y_1}$	$\overline{Y_0}$
1	1	1	1	1	1	1	1	1	1	1	1	1
0	×	×	×	×	×	×	×	×	0	1	1	0
1	0	×	×	×	×	×	×	×	0	1	1	1
1	1	0	×	×	×	×	×	×	1	0	0	0
1	1	1	0	×	×	×	×	×	1	0	0	1
1	1	1	1	0	×	×	×	×	1	0	1	0
1	1	1	1	1	0	×	×	×	1	0	1	1
1	1	1	1	1	1	0	×	×	1	1	0	0
1	1	1	1	1	1	1	0	1	1	1	0	1
1	1	1	1	1	1	1	1	0	1	1	1	0

74LS148 芯片引脚图如图 3-3 所示。

74LS148 芯片真值表如表 3-2 所示。

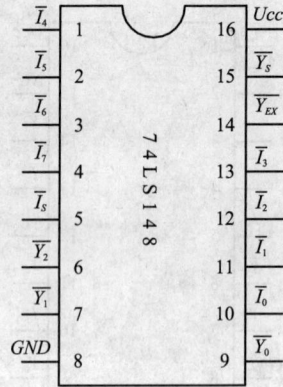

图 3 – 3　74LS148 引脚图

表 3 – 2　　　　　　　　　　　　　　　　74LS148 真值表

输　入									输　出				
$\overline{I_S}$	$\overline{I_7}$	$\overline{I_6}$	$\overline{I_5}$	$\overline{I_4}$	$\overline{I_3}$	$\overline{I_2}$	$\overline{I_1}$	$\overline{I_0}$	$\overline{Y_2}$	$\overline{Y_1}$	$\overline{Y_0}$	$\overline{Y_S}$	$\overline{Y_{EX}}$
1	×	×	×	×	×	×	×	×	1	1	1	1	1
0	1	1	1	1	1	1	1	1	1	1	1	0	1
0	0	×	×	×	×	×	×	×	0	0	0	1	0
0	1	0	×	×	×	×	×	×	0	0	1	1	0
0	1	1	0	×	×	×	×	×	0	1	0	1	0
0	1	1	1	0	×	×	×	×	0	1	1	1	0
0	1	1	1	1	0	×	×	×	1	0	0	1	0
0	1	1	1	1	1	0	×	×	1	0	1	1	0
0	1	1	1	1	1	1	0	×	1	1	0	1	0
0	1	1	1	1	1	1	1	0	1	1	1	1	0

常用编码器芯片有：

74LS147　10 线 – 4 线优先编码器；

74LS148　8 线 – 3 线优先编码器；

74LS149　8 线 – 8 线优先编码器。

第二节　译码器（DEC）

一、译码器的特点

译码器是编码器的逆过程，编码器和译码器成对存在。译码器的逻辑功能是将每个输入的二进制编码译成对应的高、低电平输出。译码器也是多输入、多输出的组合逻辑电路，多

个输入端数为 N，输出端数为 n，且满足关系：$n = 2^N$。

译码器的特点如下：

（1）译码器是多输入、多输出的组合逻辑电路，多个输入端数为 N，输出端数为 n，且满足关系：$n = 2^N$。

（2）译码器某一时刻只允许输出一个有效译码信号，这个译码信号可以是"0"，也可以是"1"。当某一个译码信号为"0"时，其他信号必须全为"1"；当某一个译码信号为"1"时，其他信号必须全为"0"。

（3）某一输入与它的编码输出是唯一对应关系。

在计算机硬件系统中，译码器用于对存储器单元地址的译码，即将每一个地址代码转换成一个有效信号，从而选中对应的单元。

二、常用译码器芯片

74LS138 是一种典型的译码器芯片，是三输入八输出译码器（3 - 8 译码器）。

74LS138 芯片的引脚图如图 3 - 4 所示。

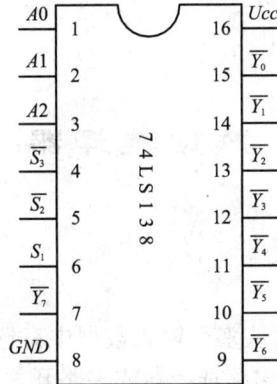

图 3 - 4　74LS138 引脚图

74LS138 芯片的真值表如表 3 - 3 所示。

表 3 - 3　　　　　　　　　　74LS138 真值表

输　入					输　出							
S_1	$\overline{S_2} + \overline{S_3}$	$A2$	$A1$	$A0$	$\overline{Y_7}$	$\overline{Y_6}$	$\overline{Y_5}$	$\overline{Y_4}$	$\overline{Y_3}$	$\overline{Y_2}$	$\overline{Y_1}$	$\overline{Y_0}$
×	×	×	×	×	1	1	1	1	1	1	1	1
1	1	×	×	×	1	1	1	1	1	1	1	1
1	0	0	0	0	1	1	1	1	1	1	1	0
1	0	0	0	1	1	1	1	1	1	1	0	1
1	0	0	1	0	1	1	1	1	1	0	1	1
1	0	0	1	1	1	1	1	1	0	1	1	1

输　入					输　出							
S_1	$\overline{S_2} + \overline{S_3}$	$A2$	$A1$	$A0$	$\overline{Y_7}$	$\overline{Y_6}$	$\overline{Y_5}$	$\overline{Y_4}$	$\overline{Y_3}$	$\overline{Y_2}$	$\overline{Y_1}$	$\overline{Y_0}$
1	0	1	0	0	1	1	1	0	1	1	1	1
1	0	1	0	1	1	1	0	1	1	1	1	1
1	0	1	1	0	1	0	1	1	1	1	1	1
1	0	1	1	1	0	1	1	1	1	1	1	1

常用译码器芯片有：

74LS139　2-4译码器；

74LS138　3-8译码器；

74LS145　BCD—十进制译码/驱动器；

74LS154　4-16译码器；

74LS154　4线—16线译码器；

74LS155　图腾柱输出译码器/分配器；

74LS156　开路输出译码器/分配器。

第三节　数据选择器（MUX）

一、数据选择器的特点

数据选择器（MUX）是一种能从多个输入数据中有选择地将一个输入数据送到输出端的组合逻辑电路。数据选择器也称多路选择器或多路开关。选择哪一路输入传送到输出端，由当时的控制信号决定。MUX实现了多通道的数据传送。

二、常用数据选择器芯片

74LS151是一种典型的数据选择器芯片，是8选1数据选择器。

74LS151芯片引脚图如图3-5所示。

74LS151芯片的真值表如表3-4所示。

常用数据选择器芯片有：

74LS150　16选1数据选择/多路开关；

74LS15　18选1数据选择器；

74LS153　双4选1数据选择器；

74LS157　同相输出四2选1数据选择器；

74LS158　反相输出四2选1数据选择器；

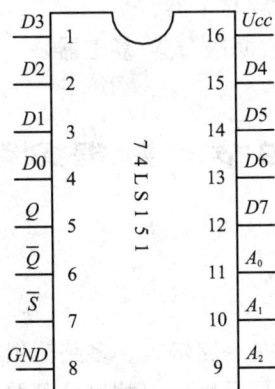

图 3－5 中 74LS151 引脚图：

左侧引脚：1 $D3$，2 $D2$，3 $D1$，4 $D0$，5 Q，6 $\overline{Q}$，7 $\overline{S}$，8 GND

右侧引脚：16 Ucc，15 $D4$，14 $D5$，13 $D6$，12 $D7$，11 A_0，10 A_1，9 A_2

中间标注：74LS151

图 3 – 5 74LS151 引脚图

表 3 – 4   74LS151 真值表

$\overline{S}$	A_2	A_1	A_0	$D7$	$D6$	$D5$	$D4$	$D3$	$D2$	$D1$	$D0$	$\overline{Q}$	Q
1	×	×	×	×	×	×	×	×	×	×	×	1	0
0	0	0	0	0	×	×	×	×	×	×	×	1	0
0	0	0	0	1	×	×	×	×	×	×	×	0	1
0	0	0	1	×	0	×	×	×	×	×	×	1	0
0	0	0	1	×	1	×	×	×	×	×	×	0	1
0	0	1	0	×	×	0	×	×	×	×	×	1	0
0	0	1	0	×	×	1	×	×	×	×	×	0	1
0	0	1	1	×	×	×	0	×	×	×	×	1	0
0	0	1	1	×	×	×	1	×	×	×	×	0	1
0	1	0	0	×	×	×	×	0	×	×	×	1	0
0	1	0	0	×	×	×	×	1	×	×	×	0	1
0	1	0	1	×	×	×	×	×	0	×	×	1	0
0	1	0	1	×	×	×	×	×	1	×	×	0	1
0	1	1	0	×	×	×	×	×	×	0	×	1	0
0	1	1	0	×	×	×	×	×	×	1	×	0	1
0	1	1	1	×	×	×	×	×	×	×	0	1	0
0	1	1	1	×	×	×	×	×	×	×	1	0	1

74LS251 三态输出 8 选 1 数据选择器/复工器；

74LS253 三态输出双 4 选 1 数据选择器/复工器；

74LS257 三态原码四 2 选 1 数据选择器/复工器；

74LS258 三态反码四 2 选 1 数据选择器/复工器；

74LS352　双 4 选 1 数据选择器/复工器；

74LS353　三态输出双 4 选 1 数据选择器/复工器。

第四节　数据分配器

一、数据分配器的特点

数据分配器也称多路分配器，是一路输入、多路输出的组合逻辑器件。一路输入信号传送到哪一路输出端，由当时的控制信号决定。数据分配器与数据选择器的用途相反，它们配合使用，实现多通道的数据传送。

二、常用数据分配器芯片

常用数据分配器芯片有：

74LS155　图腾柱输出译码器/分配器；

74LS156　开路输出译码器/分配器；

74LS159　4 - 16 线译码器/多路数据分配器（OC 门）。

译码器可以作为数据分配器使用，只要将译码器的使能端连接到数据输入端即可实现数据分配器的功能。用 3 - 8 译码器实现数据 3 - 8 分配器如图 3 - 6 所示。

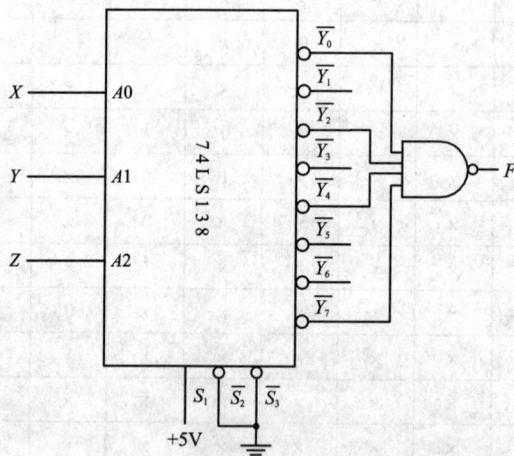

图 3 - 6　用 3 - 8 译码器实现数据 3 - 8 分配器

第四章

基本时序逻辑电路

时序逻辑电路的特点是任意时刻的输出不仅取决于该时刻输入逻辑变量的值，而且还和电路原来的状态有关，所以时序电路还应该有记忆功能。在电路结构上，时序逻辑电路包含组合电路和存储电路两个组成部分，而这个存储电路所存储的信息与该电路的历史状态有关。因此，我们把同时含有组合逻辑电路和带记忆的反馈电路的电路结构称之为时序逻辑电路。时序逻辑电路结构如图 4 – 1 所示。

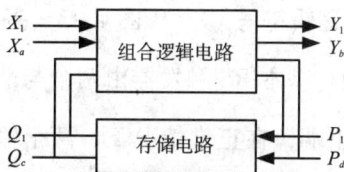

图 4 – 1   时序逻辑电路结构

时序电路中的存储器件的种类很多，如触发器、延迟线、磁性器件等，但最常用的是触发器。

能够存储一位二进制信息的基本单元电路称为触发器。触发器是时序逻辑电路的基本单元。

触发器的基本特点如下：

（1）具有两个能自行保持的稳定状态，可分别用来表示二进制数 0 和 1。

（2）接收输入信号后，两个稳定状态可以相互转换。输入信号消失后，已经转换的稳定状态可长期保持。

当触发器接收输入信号，由一个稳定状态转换到另一个稳定状态时。通常把接收输入信号之前的状态称为现态，记作 Q^n，将接收输入信号之后的状态称为次态，记作 Q^{n+1}。

触发器由门电路构成，有两个互补的输出端，分别用 Q 和 $\bar{Q}$ 表示。

触发器种类很多，按电路的结构分，有基本 RS 触发器、同步 RS 触发器、主从触发器及维持阻塞触发器等；按逻辑功能的差异分，有 RS、D、T 和 JK 等触发器。

第一节 R－S 触发器

一、基本 R－S 触发器

1. 逻辑符号和逻辑电路图。基本 RS 触发器的逻辑符号如图 4－2 所示。

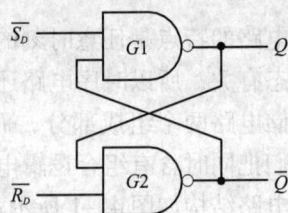

基本 RS 触发器由两个与非门交叉耦合组成。$\bar{R}$、$\bar{S}$ 为两个输入端，Q、$\bar{Q}$ 为两个输出端。符号中输入端小圆圈表示该触发器用负脉冲（0 电平）触发。

基本 RS 触发器的逻辑电路如图 4－3 所示。

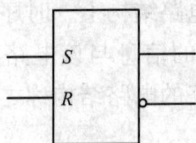

图 4－2 基本 RS 触发器的逻辑符号   图 4－3 基本 RS 触发器逻辑电路

2. 基本 RS 触发器工作原理。基本 RS 触发器由两个与非门 G_1 和 G_2 交叉耦合构成，如图 4－3 所示。Q、$\bar{Q}$ 是两个输出端，在正常情况下，两个输出端保持稳定的状态且始终相反。当 $Q=1$ 时，$\bar{Q}=0$；反之，当 $Q=0$ 时，$\bar{Q}=1$，所以称为双稳态触发器。触发器的状态以 Q 端为标志，当 $Q=1$ 时称为触发器处于 1 态，也称为置位状态；$Q=0$ 时，则称为触发器处于 0 态，即复位状态。$\bar{R_D}$、$\bar{S_D}$ 是信号输入端，平时固定接高电平 1，当加负脉冲后，由 1 变为 0。

设触发器的初始状态为 0 态（即 $Q^n=0$，$\bar{Q}^n=1$），基本 RS 触发器的逻辑功能如下：

（1）当 $\bar{R_D}=1$、$\bar{S_D}=0$ 时，即当 $\bar{R}$ 端保持高电平（1 状态）。而 $\bar{S_D}$ 端加上负脉冲（低电平）时，则 Q 由 0 变 1，Q 又反馈到 G_2 门的输入端使得 $\bar{Q}$ 为 0，故触发器的状态由 0 变为 1。此后，即使 $\bar{S_D}$ 端的负脉冲消失，触发器仍然保持在 1 状态。这是因为与非门只要有一个输入端为 0，与非门就被封锁，输出就为 1。而这时，G_1 门的一个输入恰好为 0。通常把这种在 $\bar{S_D}$ 端加入负脉冲后，使触发器由 0 态变为 1 态的过程称为触发器置 1，$\bar{S_D}$ 端称为置 1 端。

（2）当 $\bar{R_D}=0$、$\bar{S_D}=1$ 时，即当 $\bar{S_D}$ 端保持高电平，而 $\bar{R_D}$ 端加一负脉冲（低电平）时，其工作过程与前述触发器置 1 过程相反，触发器为 0 状态。通常把在 $\bar{R_D}$ 端加入负脉冲使触发器状态由 1 态变为 0 态的过程称为使触发器置 0，$\bar{R_D}$ 端称为置 0 端。显然，只有当触发器原状态为 1 态时，在 $\overline{R_D}$ 端加负脉冲，触发器状态才发生翻转，使其由 1 态变为 0 态，若原状态已为 0 时，在 $\overline{R_D}$ 端加入负脉冲，触发器仍保持 0 状态，即不发生状态翻转。

（3）当 $\overline{R_D} = \overline{S_D} = 1$ 时，即当 $\overline{R_D}$ 和 $\overline{S_D}$ 均为 1 时，触发器仍保持原来的状态不变。

（4）当 $\overline{R_D} = \overline{S_D} = 0$ 时，即当 $\overline{R_D}$ 和 S_D 全为 0 时，与非门被封锁，迫使 $Q = \overline{Q} = 1$，破坏了触发器的逻辑关系，应避免这种情况出现。因为一旦输入端的负脉冲同时撤除以后，触发器的状态是不确定的。所以基本 RS 触发器输入 $\overline{R_D}$ 和 $\overline{S_D}$ 之间的约束条件为：$\overline{R_D} + \overline{S_D} = 1$。

基本 RS 触发器逻辑功能表如表 4 - 1 所示。

基本 RS 触发器的状态方程为：

$$Q^{n+1} = S + \overline{R}\, Q^n \qquad RS = 0 \text{（约束条件）} \qquad (4-1)$$

表 4 - 1 　　　　　　　　　　　基本 RS 触发器逻辑功能表

$\overline{R_D}$	$\overline{S_D}$	Q^{n+1}	状态
0	0	不定	禁止
0	1	0	置 0
1	0	1	置 1
1	1	Q^{n+1}	保持

3. 基本 RS 触发器波形图。反映触发器输入信号取值和状态之间对应关系的图形称为波形图。

基本 RS 触发器波形图如图 4 - 4 所示。

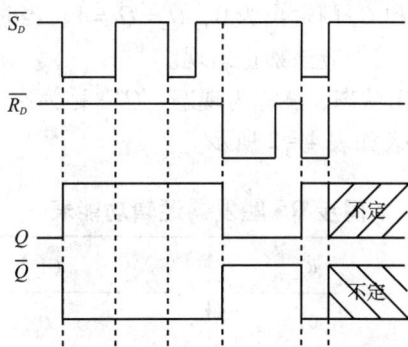

图 4 - 4 　基本 RS 触发器波形图

综上所述，基本 RS 触发器的特点如下：

（1）有两个互补的输出端，有两个稳定的状态；

（2）有复位（$Q = 0$）、置位（$Q^n = 1$）、保持原状态三种功能；

（3）R 为复位输入端，S 为置位输入端，可以是低电平有效，也可以是高电平有效，取决于触发器的结构；

（4）由于反馈线的存在，无论是复位还是置位，有效信号只需要作用很短的一段时间。

二、同步 RS 触发器

1. 同步 RS 触发器逻辑符号和逻辑电路图。同步 RS 触发器逻辑符号如图 4-5 所示。

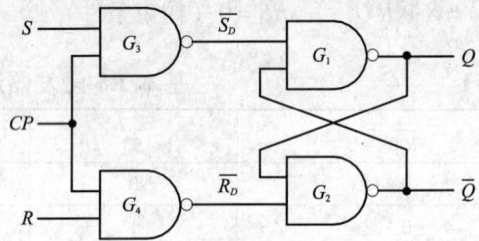

图中与非门 G_1、G_2 组成基本 RS 触发器，与非门 G_3、G_4 构成控制电路。作用在控制端的信号 CP 是一个标准脉冲信号，称为时钟脉冲，所谓同步触发器就是触发器状态的改变与时钟脉冲同步。

同步 RS 触发器的逻辑电路图如图 4-6 所示。

2. 同步 RS 触发器工作原理。当 $GP=0$ 时，无论 R 和 S 是什么信号，G_3 和 G_4 门的输出均为 1，处于被封锁状态，由 G_1、G_2 门构成的基本 RS 触发器因输入信号全为 1 而保持原状态不变。

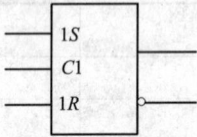

图 4-5 同步 RS 触发器逻辑符号   图 4-6 同步 RS 触发器逻辑电路图

当 $GP=1$ 期间：

(1) 当 $R=S=0$ 时，G_3 和 G_4 门输出为 1，触发器保持原状态不变；

(2) 当 $R=1$，$S=0$ 时，G_3 门输出为 1，G_4 门输出为 0，触发器状态 $Q=0$；

(3) 当 $R=0$，$S=1$ 时，G_3 门输出为 0，G_4 门输出为 1，触发器状态 $Q=1$；

(4) 当 $R=S=1$ 时，G_3 和 G_4 门输出为 0，$Q=\bar{Q}=1$。当时钟脉冲过去以后，触发器状态不定，因此，此种情况在使用中应该禁止出现。

CP 作用前后触发器的输出状态，Q 称为现态，Q^{n+1} 称为次态。

同步 RS 触发器逻辑功能表如表 4-2 所示。

表 4-2   同步 RS 触发器逻辑功能表

S	R	Q^{n+1}	状态
0	0	Q^n	保持
0	1	1	置1
1	0	0	置0
1	1	不定	禁止

同步 RS 触发器的状态方程为：

$$Q^{n+1} = S + \bar{R}Q^n \qquad RS=0 \text{（约束条件）} \tag{4-2}$$

同步 RS 触发器波形图如图 4-7 所示。

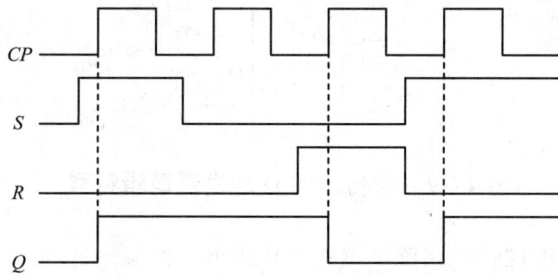

图4-7 同步 RS 触发器波形图

同步 RS 触发器存在的问题：

同步 RS 触发器除了存在状态不确定的缺点外，还存在空翻现象的缺点。所谓空翻就是指在较宽的时钟脉冲作用时，由于 R、S 的状态再次发生变化而引起触发器状态重新翻转的现象。显然，空翻现象会造成逻辑上的混乱，使电路无法正常工作。

3. 常用的 RS 触发器芯片。74LS71 是常用的与输入 RS 主从触发器（带预置和清除端）芯片。74LS71 芯片的引脚图如图4-8所示。

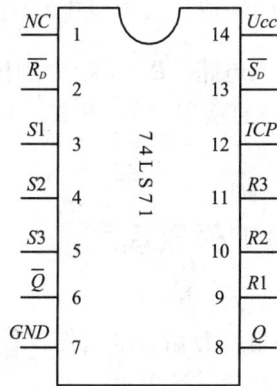

图4-8 74LS71 引脚图

第二节　D 型触发器

为了解决时钟控制 R-S 触发器在输入端 R、S 同时为 1 时状态不确定的问题，通常对时钟控制 R-S 触发器的控制电路稍加修改，使之变成 D 触发器。为了进一步解决"空翻"问题，实际应用中广泛使用的集成 D 触发器通常采用维持阻塞结构，称为维持阻塞 D 触发器。

一、维持阻塞 D 触发器逻辑符号和逻辑电路图

维持阻塞 D 触发器的逻辑符号如图4-9所示。

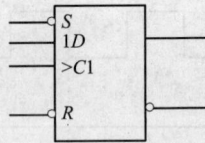

图 4 - 9　维持阻塞 D 触发器逻辑符号

维持阻塞 D 触发器的逻辑电路图如图 4 - 10 所示。

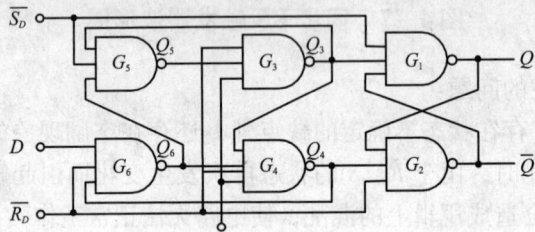

图 4 - 10　维持阻塞 D 触发器逻辑电路图

维持阻塞 D 触发器由六个与非门组成，其中 G_1、G_2 组成基本 RS 触发器，G_3、G_4 组成时钟控制电路，G_5、G_6 组成数据输入电路。$\overline{R_D}$ 和 $\overline{S_D}$ 分别称为直接置"0"端和直接置"1"端，它们均为低电平有效，即在不作直接置"0"和置"1"操作时，保持为高电平；CP 为时钟脉冲控制端。

二、维持阻塞 D 触发器工作原理

设 $\overline{R_D}$ 和 $\overline{S_D}$ 均为高电平，维持阻塞 D 触发器工作过程如下：

1. 当 $CP = 0$ 时，G_3、G_4 门被封锁，其输出 $G_1 = G_2 = 1$，触发器的状态不变。同时，由于 Q_3 至 G_5 和 Q_4 至 G_6 的反馈信号将 G_5、G_6 门打开，因此可接收输入信号 D，使 $Q_6 = \overline{D}$、$Q_5 = \overline{Q_6} = D$。

2. 当 CP 由 0 变为 1 时，即上升沿到来时，G_3、G_4 门被打开，它们的输出 Q_3 和 Q_4 的状态由 G_5 和 G_6 的输出状态决定。$Q_3 = \overline{Q_5} = \overline{D}$，$Q_4 = \overline{Q_6} = D$。由基本 RS 触发器的逻辑功能可知，$Q = D$。

3. 触发器翻转后，在 $CP = 1$ 时输入信号被封锁。G_3、G_4 打开后，它们的输出 Q_3 和 Q_4 的状态是互补的，即必定有一个是 0，若 $Q_4 = 0$，则经 G_4 输出至 G_6 输入的反馈线将 G_6 封锁，即封锁了 D 通往基本 RS 触发器的路径；该反馈线起到了使触发器维持在 0 状态和阻止触发器变为 1 状态的作用，故该反馈线称为置 0 维持线，置 1 阻塞线。$G_3 = 0$ 时，将 G_4 和 G_5 封锁，D 端通往基本 RS 触发器的路径也被封锁；G_3 输出端至 G_5 反馈线起到使触发器维持在 1 状态的作用，称作置 1 维持线；G_3 输出端至 G_4 输入的反馈线起到阻止触发器置 0 的作用，称为置 0 阻塞线。因此，该触发器称为维持阻塞触发器。

由上述分析可知，维持阻塞 D 触发器在 CP 脉冲的上升沿产生状态变化，触发器的次态取决于 CP 脉冲上升沿前 D 端的信号，而在上升沿后，输入 D 端的信号变化对触发器的输出状态没有影响。如在 CP 脉冲的上升沿到来前 $D=0$，则在 CP 脉冲的上升沿到来后，触发器置 0；如在 CP 脉冲的上升沿到来前 $D=1$，则在 CP 脉冲的上升沿到来后触发器置 1。

维持阻塞 D 触发器的逻辑功能表如表 4 – 3 所示。

表 4 – 3　　　　　　　　　　维持阻塞 D 触发器逻辑功能表

D	Q^{n+1}	状态
0	0	置 0
1	1	置 1

D 触发器的状态方程为：

$$Q^{n+1} = D \tag{4 – 3}$$

由于触发器只接受 CP 上升沿到来时 D 端的信号，而且一经翻转后，在内部形成的维持阻塞作用下，不再受 D 端输入信号的影响。因此维持阻塞结构的触发器，不存在空翻现象。D 触发器的波形图如图 4 – 11 所示。

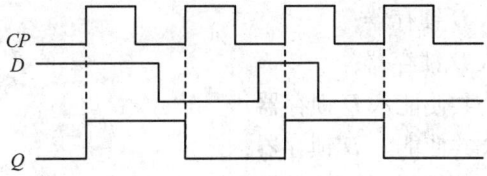

图 4 – 11　维持阻塞 D 触发器波形图

三、异步输入端的作用

为了进一步扩展 D 触发器的逻辑功能，通常除具有控制端 D 外，还具有异步置 1 端 $\overline{S_D}$ 和异步置 0 端 $\overline{R_D}$，如图 4 – 10 所示。异步输入端 $\overline{S_D}$、$\overline{R_D}$ 的作用优先于输入控制端，即异步输入端 $\overline{S_D}$ 和 $\overline{R_D}$ 不起作用时（即均为 1 时），触发器的状态才由 CP 和输入控制端决定。$\overline{S_D}$ 和 $\overline{R_D}$ 起作用时（即为 0 时），状态才由 $\overline{S_D}$ 和 $\overline{R_D}$ 决定。

四、常用 D 触发器芯片

74LS174 是常用的 D 触发器芯片，是带预置端、清除端正沿触发双 D 触发器。
74LS74 芯片引脚图如图 4 – 12 所示。

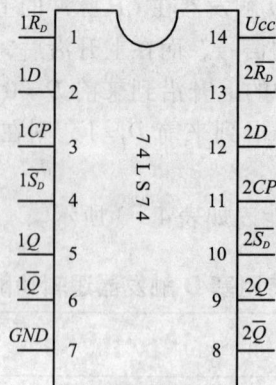

图 4 -12　74LS74 引脚图

常用 D 触发器芯片有：

74LS74　带预置端、清除端正沿触发双 D 触发器；

74LS171　带清除端四 D 触发器；

74LS173　三态输出四位 D 型寄存器；

74LS174　带公共时钟和复位六 D 触发器；

74LS175　带公共时钟和复位四 D 触发器；

74LS273　带公共时钟复位八 D 触发器；

74LS373　三态同相八 D 锁存器；

74LS374　三态反相八 D 锁存器；

74LS377　单边输出公共使能八 D 锁存器；

74LS378　单边输出公共使能六 D 锁存器；

74LS379　双边输出公共使能四 D 锁存器。

第三节　JK 触发器

JK 触发器是一种功能较完善，应用很广泛的双稳态触发器。其中主从型 JK 触发器是一种典型结构的 J－K 触发器。

一、主从型 JK 触发器逻辑符号和逻辑电路图

主从型 JK 触发器逻辑符号如图 4－13 所示。

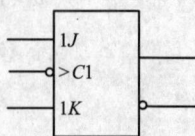

图 4 -13　主从型 JK 触发器逻辑符号

它由两个可控 RS 触发器串联组成，分别称为主触发器和从触发器。J 和 K 是信号输入端。时钟 CP 控制主触发器和从触发器的翻转。CP 下降沿触发，即边沿 J – K 触发器只有在 CP 下降沿到达时才有效。

主从型 JK 触发器的逻辑电路图如图 4 – 14 所示。

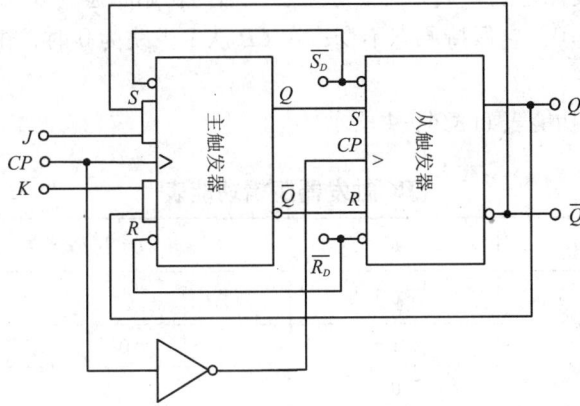

图 4 – 14　主从型 JK 触发器逻辑电路图

二、主从型 JK 触发器工作原理

当 $CP=0$ 时，主触发器状态不变，从触发器输出状态与主触发器的输出状态相同。

当 $CP=1$ 时，输入 J、K 影响主触发器，而从触发器状态不变。当 CP 从 1 变成 0 时，主触发器的状态传送到从触发器，即主、从触发器是在 CP 下降沿到来时才使触发器翻转的。

主从型 JK 触发器的逻辑功能如下：

(1) $J=1$，$K=1$

设时钟脉冲到来之前（$CP=0$）触发器的初始状态为 0。这时主触发器的 $R=KQ=0$，$S=J\bar{Q}=1$，时钟脉冲到来后（$CP=1$），主触发器翻转成 1 态。当 CP 从 1 下跳为 0 时，主触发器状态不变，从触发器的 $R=0$、$S=1$，它也翻转成 1 态。反之，设触发器的初始状态为 1。可以同样分析，主、从 JK 触发器都翻转成 0 态。

可见，JK 触发器在 $J=1$、$K=1$ 的情况下，来一个时钟脉冲就翻转一次，即 $Q^{n+1}=\bar{Q}$。具有计数功能。

(2) $J=0$，$K=0$

设触发器的初始状态为 0，当 $CP=1$ 时，由于主触发器的 $R=0$、$S=0$，它的状态保持不变；当 CP 下跳时，由于从触发器的 $R=1$，$S=0$，它的输出为 0 态，即触发器保持 0 态不变。如果初始状态为 1，触发器亦保持 1 态不变。

(3) $J=1$，$K=0$

设触发器的初始状态为 0，当 $CP=1$ 时，由于主触发器的 $R=0$、$S=1$，它翻转成 1 态；当 CP 下跳时，由于从触发器的 $R=0$，$S=1$，也翻转成 1 态。如果触发器的初始状态为 1，

当 $CP=1$ 时，由于主触发器的 $R=0$、$S=0$，它保持原态不变；在 CP 从 1 下跳为 0 时，由于从触发器的 $R=0$、$S=1$，也保持 1 态。

（4） $J=0$，$K=1$

设触发器的初始状态为 1。当 $CP=1$ 时，由于主触发器的 $R=1$、$S=0$，它翻转成 0 态。当 CP 下跳时，从触发器也翻转成 0 态。如果触发器的初始状态为 0 态，当 $CP=1$ 时，由于主触发器的 $R=0$，$S=0$，它保持原态不变；在 CP 从 1 下跳为 0 时，由于从触发器的 $R=1$，$S=0$，也保持 0 态。

JK 触发器的逻辑功能表如表 4-4 所示。

表 4-4　　　　　　　　　　　JK 触发器逻辑功能表

J	K	Q^{n+1}	状态
0	0	Q^n	保持
0	1	0	置 0
1	0	1	置 1
1	1	$\overline{Q_n}$	计数

根据表 4-4 可得 JK 触发器的特性方程：（CP 下降沿有效）

$$Q^{n+1} = J\overline{Q}^n + \overline{K}Q^n \tag{4-4}$$

JK 触发器的波形图如图 4-15 所示。设触发器的初始状态为 $Q=0$。

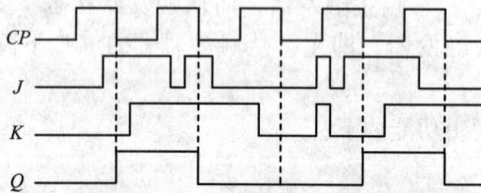

图 4-15　JK 触发器波形图

第 1 个时钟脉冲 CP 下降沿到达时，由于 $J=1$、$K=0$，所以在 CP 下降沿作用下，触发器由 0 状态翻到 1 状态，$Q^{n+1}=1$。

第 2 个时钟脉冲 CP 下降沿到达时，由于 $J=K=1$，触发器由 1 翻到 0 状态，$Q^{n+1}=0$。

第 3 个时钟脉冲 CP 下降沿到达时，$J=K=0$，触发器保持原来的 0 状态不变，$Q^{n+1}=Q^n=0$。

第 4 个时钟脉冲 CP 下降沿到达时，因 $J=1$、$K=0$，触发器由 0 状态翻到 1 状态，$Q^{n+1}=1$。

第 5 个时钟脉冲 CP 下降沿到达时，$J=0$、$K=1$，触发器由 1 再翻到 0 状态，$Q^{n+1}=0$。

三、常用 JK 触发器芯片

74LS112 是常用的 JK 触发器芯片，是带预置、清除端负沿触发双 JK 触发器。

74LS112 芯片引脚图如图 4 - 16 所示。

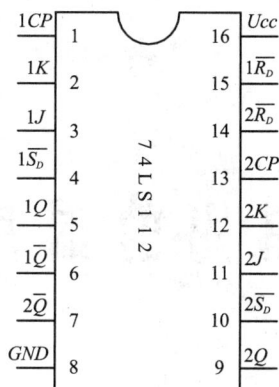

图 4 - 16　74LS112 引脚图

常用的 JK 触发器芯片有：

74LS70　与门输入上升沿 JK 触发器；

74LS72　与门输入上升沿主从 JK 触发器；

74LS73　带清除端双 JK 触发器；

74LS76　带预置、清除端双 J - K 触发器；

74LS78　带预置、公共清除端和公共时钟端双 JK 触发器；

74LS103　带清除端负沿触发双 *JK* 主从触发器；

74LS106　带预置、清除、时钟端负沿触发主从双 JK 触发器；

74LS107　带清除端主从双 J - K 触发器；

74LS108　带预置、清除、时钟端主从双 JK 触发器；

74LS109　带预置清除正触发双 JK 触发器；

74LS110　带锁定端与门输入主从 JK 触发器；

74LS111　带数据锁定端主从双 JK 触发器；

74LS112　带预置、清除端负沿触发双 JK 触发器；

74LS113　带预置端负沿触发双 JK 触发器；

74LS114　带预置、清除、时钟端双 JK 触发器。

　　触发器的市售产品主要是 JK 触发器和 D 触发器。但是在实际应用中，经常需用具有各种逻辑功能的触发器，这就需要进行不同类型触发器之间的相互转换。

第五章

计算机中常用的时序逻辑电路

第一节　锁存器

一、锁存器的特点

锁存器被广泛用于计算机与数字系统的输入缓冲电路，其作用是将输入信号暂时寄存，等待处理。

一位 D 触发器只能传送或存储一位二进制数据，而在实际工作中往往是一次传送或存储多位数据。为此，可以把若干个 D 触发器的控制端 CP 连接起来，用一个公共的控制信号来控制，而各个数据端仍然是各自独立地接收数据。用这种形式构成的一次能传送或存储多位数据的电路称为锁存器。

锁存器的工作特点是数据信号有效滞后于时钟信号有效。这意味着时钟信号先到，数据信号后到。

锁存器输出端的状态不会随输入端的状态变化而变化。当有锁存信号时，输入端的状态被保存到输出端，直到下一个锁存信号到来。典型的逻辑电路是 D 触发器，其字长有 4 位、8 位等。

二、常用的锁存器芯片

74LS373 是一种常用的锁存器芯片，是三态同相八 D 锁存器。

74LS373 常作为单片机低 8 位地址总线锁存器。在单片机进行外部扩展时，74LS373 可以作为外部 I/O 口扩展器件。

74LS373 芯片引脚图如图 5 – 1 所示。

74LS373 芯片的逻辑电路图如图 5 – 2 所示（图中只画出 4 位）。

当 74LS373 芯片工作时，使能端 G 加入 CP 信号，D 为数据信号。输出控制信号为 0 时，锁存器的数据通过三态门进行输出。

74LS373 芯片的逻辑功能表如表 5 – 1 所示。

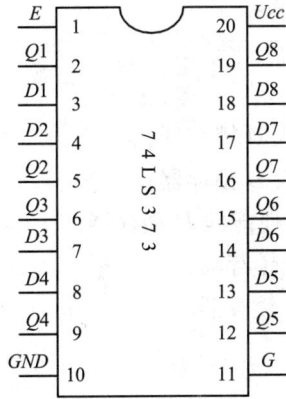

图 5 − 1　74LS373 引脚图

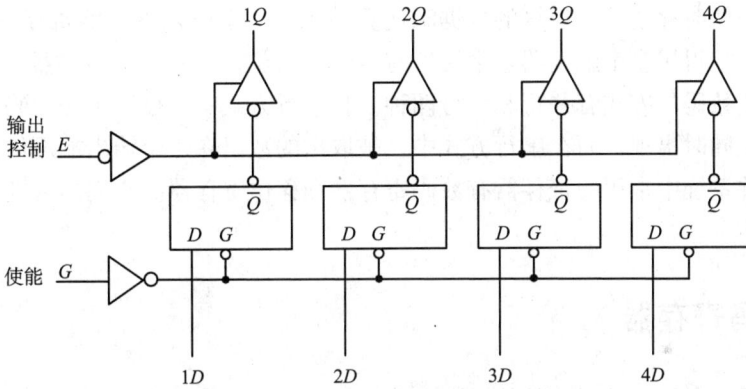

图 5 − 2　74LS373 逻辑电路图

表 5 − 1　　　　　　　　　　　　74LS373 逻辑功能表

输出控制	使　能	输入数据	输出数据
E	G	D	Q
0	1	1	1
		0	0
0	0	×	Q^n
1	×	×	高阻

表 5 − 1 中，Q^n 为 1Q、2Q 等的初始状态（初态）。

常用的锁存器芯片有：

74LS75　带正负输出端四位双稳锁存器；

74LS77　带正输出端四位双稳锁存器；

74LS100　八位双稳锁存器；

74LS116　双四位锁存器；

74LS279　四图腾柱输出 $S − R$ 锁存器；

74LS373　三态同相八 D 锁存器；

74LS374　三态反相八 D 锁存器；

74LS375　4 位双稳态锁存器；

74LS377　单边输出公共使能八 D 锁存器；

74LS378　单边输出公共使能六 D 锁存器；

74LS379　*TTL*　双边输出公共使能四 D 锁存器；

74LS533　*TTL*　三态反相八 D 锁存器；

74LS534　*TTL*　三态反相八 D 锁存器。

第二节　寄存器

寄存器用来暂时存放参与运算的数据和运算结果。一个触发器只能寄存一位二进制数，要存多位数时，就得用多个触发器。常用的有四位、八位、十六位等寄存器。

寄存器存放数码的方式有并行和串行两种。在并行方式中，被取出的数码各位在对应于各位的输出端上同时出现；而在串行方式中，被取出的数码在一个输出端逐位出现。

计算机硬件系统中常用的寄存器有数码寄存器和移位寄存器。它们的区别在于有无移位的功能。

一、数码寄存器

数码寄存器是存储二进制数码的时序电路组件，它具有接收和寄存二进制数码的逻辑功能。前面介绍的各种集成触发器，就是一种可以存储一位二进制数的寄存器，用 n 个触发器就可以存储 n 位二进制数。

寄存器的工作特点为，时钟信号有效滞后于数据信号有效。这意味着数据信号先建立，时钟信号后建立。在 CP 上升沿时刻打入到触发器。

74LS175 是一种常用的数码寄存器芯片，带公共时钟和复位端四位 D 型寄存器。

74LS175 芯片引脚图如图 5 – 3 所示。

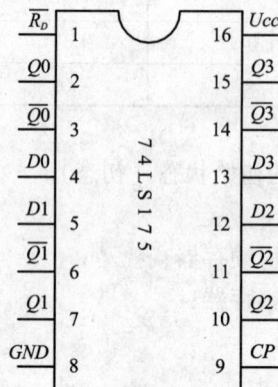

图 5 – 3　74LS175 引脚图

74LS175 芯片的逻辑电路图如图 5 - 4 所示。

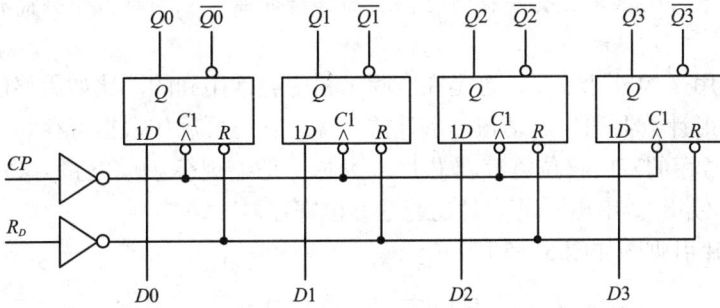

图 5 - 4　74LS175 逻辑电路图

图 5 - 4 中，R_D 是异步清零控制端。$D0$、$D1$、$D2$ 和 $D3$ 是并行数据输入端，CP 为时钟脉冲端，$Q0$、$Q1$、$Q2$ 和 $Q3$ 是并行数据输出端，$\overline{Q0}$、$\overline{Q1}$、$\overline{Q2}$ 和 $\overline{Q3}$ 是反码数据输出端。

该电路的数码接收过程为：将需要存储的四位二进制数码送到数据输入端 $D0$、$D1$、$D2$ 和 $D3$，在 CP 端送一个时钟脉冲，脉冲上升沿作用后，四位数码并行地出现在四个触发器 Q 端。

74LS175 芯片的逻辑功能表如表 5 - 2 所示。

表 5 - 2　　　　　　　　　　**74LS175 的逻辑功能表**

清零	时钟	输　　入				输　　出				功　能
R_D	CP	$D0$	$D1$	$D2$	$D3$	$Q0$	$Q1$	$Q2$	$Q3$	
0	×	×	×	×	×	0	0	0	0	异步清零
1	↑	$D0$	$D1$	$D2$	$D3$	$D0$	$D1$	$D2$	$D3$	数码寄存
1	1	×	×	×	×	保持				数据保持
1	0	×	×	×	×	保持				数据保持

常用数码寄存器芯片有：

74LS170　开路输出 4×4 寄存器堆；

74LS173　三态输出四位 D 型寄存器；

74LS175　带公共时钟和复位端四位 D 型寄存器；

74LS380　多功能八进制寄存器；

74LS380　多功能八进制寄存器；

74LS670　三态输出 4×4 寄存器堆。

更多的情况是用 D 触发器组成的寄存器。

二、移位寄存器

移位寄存器不仅能够寄存数据，而且具有移位功能。移位是数字系统和计算机技术中非常重要的一个功能。如二进制数 0101 乘以 2 的运算，可以通过将 0101 左移一位实现；而除以 2 的运算则可通过右移一位实现。

　　移位寄存器的种类很多，有左移寄存器、右移寄存器、双向移位寄存器和循环移位寄存器等。

　　移位寄存器用来构成计数器，这是在实际工程中经常用到的。比如用移位寄存器构成环形计数器、扭环形计数器和自启动扭环形计数器等。它还可用作数据寄存。

　　74LS194 是常用的双向移位寄存器芯片，该芯片是中规模集成电路，具有左、右移位、清零、数据并入/并出（串出）等多种功能的移位寄存器。

　　74LS194 芯片引脚图如图 5-5 所示。

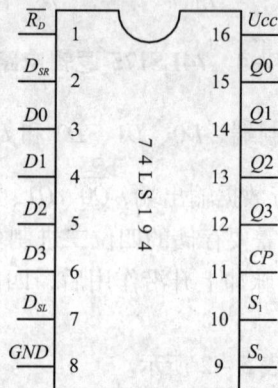

图 5-5　74LS194 引脚图

　　74LS194 芯片的逻辑功能如表 5-3 所示。

表 5-3　　　　　　　　　　　　　　74LS194 逻辑功能表

输入										输出				功　能
R_D	S_1	S_0	CP	D_{SR}	D_{SL}	D_0	D_1	D_2	D_3	Q_0^{n+1}	Q_1^{n+1}	Q_2^{n+1}	Q_3^{n+1}	
0	×	×	×	×	×	×	×	×	×	0	0	0	0	清零
1	×	×	0	×	×	×	×	×	×	保持				保持
1	0	0	×	×	×	×	×	×	×					
1	1	1	↑	×	×	d_0	d_1	d_2	d_3	d_0	d_1	d_2	d_3	送数
1	0	1	↑	×	1	×	×	×	×	1	Q_0^n	Q_1^n	Q_2^n	右移，D_{SR} 为串行输入，Q_3 为串行输出
1	0	1	↑	×	0	×	×	×	×	0	Q_0^n	Q_1^n	Q_2^n	
1	1	0	↑	1	×	×	×	×	×	Q_1^n	Q_2^n	Q_3^n	1	左移，D_{SL} 为串行输入，Q_0 为串行输出
1	1	0	↑	0	×	×	×	×	×	Q_1^n	Q_2^n	Q_3^n	0	
1	1	1	↑	×	×	d_0	d_1	d_2	d_3	d_0	d_1	d_2	d_3	并行置数

　　由表 5-3 可以看出，74LS194 具有如下功能：

　　（1）异步清零。当 $R_D=0$ 时即刻清零，与其他输入状态及 CP 无关。

　　（2）S_1、S_0 是控制输入。当 $R_D=1$ 时 74LS194 有如下 4 种工作方式：

a. 当 $S_1 S_0 = 00$ 时，不论有无 CP 到来，各触发器状态不变，为保持工作状态。

b. 当 $S_1 S_0 = 011$ 时，在 CP 的上升沿作用下，实现右移（上移）操作，流向是 $D_{SR} \to Q_0 \to Q_1 \to Q_2 \to Q_3$。

c. 当 $S_1 S_0 = 100$ 时，在 CP 的上升沿作用下，实现左移（下移）操作，流向是 $D_{SL} \to Q_3 \to Q_2 \to Q_1 \to Q_0$。

d. 当 $S_1 S_0 = 11$ 时，在 CP 的上升沿作用下，实现置数操作：$D_0 \to Q_0$，$D_1 \to Q_1$，$D_2 \to Q_2$，$D_3 \to Q_3$。

D_{SL} 和 D_{SR} 分别是左移和右移串行输入。D_0、D_1、D_2 和 D_3 是并行输入端。Q_0 和 Q_3 分别是左移和右移时的串行输出端，Q_0、Q_1、Q_2 和 Q_3 为并行输出端。

常用移位寄存器芯片有：

74LS164   八位串行入/并行输出移位寄存器；

74LS165   八位并行入/串行输出移位寄存器；

74LS166   八位并入/串出移位寄存器；

74LS194   四位双向通用移位寄存器；

74LS195   四位并行通用移位寄存器；

74LS295   四位双向通用移位寄存器；

74LS299   三态输出八位通用移位寄存器；

74LS322   带符号扩展端八位移位寄存器；

74LS323   三态输出八位双向移位/存储寄存器；

74LS95   四位并行输入/输出移位寄存器。

第三节　计数器

计数器是一种累计输入脉冲数目的逻辑部件，在计算机及数控系统中应用极广。计数器种类很多，如按计数过程中计数器数字的增减分类，可以把计数器分为加法计数器、减法计数器和可逆计数器。按计数进制分类，可分为二进制计数器、十进制计数器和其他进制计数器等。按计数器中触发器翻转的先后次序分类，又可把计数器分为同步计数器和异步计数器两种。在同步计数器中，计数脉冲 CP 同时加到所有触发器的时钟端，当计数脉冲输入时，触发器的翻转是同时发生的。在异步计数器中，各个触发器不是同时被触发的。

以下将介绍在计算机硬件系统中几种常用的集成计数器芯片。

一、同步二进制计数器

同步二进制计数器的特点是，计数脉冲同时接于各位触发器的时钟脉冲输入端，当计数脉冲到来时，各触发器同时被触发，应该翻转的触发器是同时翻转的，进行二进制基数，没有各级延迟时间的积累问题。同步二进制计数器也可称为并行二进制计数器。

四位二进制加法计数器，能记的最大十进制数为 $2^4 - 1 = 15$。n 位二进制加法计数器，能记的最大十进制数为 $2^n - 1$。

同步二进制加法计数器状态转移表如表 5 - 4 所示。

表 5 - 4　　　　　　　　同步二进制加法计数器状态转移表

Q_3	Q_2	Q_1	Q_0	Q_3^{n+1}	Q_2^{n+1}	Q_1^{n+1}	Q_0^{n+1}
0	0	0	0	0	0	0	1
0	0	0	1	0	0	1	0
0	0	1	0	0	0	1	1
0	0	1	1	0	1	0	0
0	1	0	0	0	1	0	1
0	1	0	1	0	1	1	0
0	1	1	0	0	1	1	1
0	1	1	1	1	0	0	0
1	0	0	0	1	0	0	1
1	0	0	1	1	0	1	0
1	0	1	0	1	0	1	1
1	0	1	1	1	1	0	0
1	1	0	0	1	1	0	1
1	1	0	1	1	1	1	0
1	1	1	0	1	1	1	1
1	1	1	1	0	0	0	0

74LS161 是常用的同步二进制计数器芯片，是四位同步二进制可预置计数器芯片。74LS161 除了有二进制加法计数功能外，还具有异步清零、同步并行置数、保持等功能。

74LS161 芯片引脚图如图 5 - 6 所示。

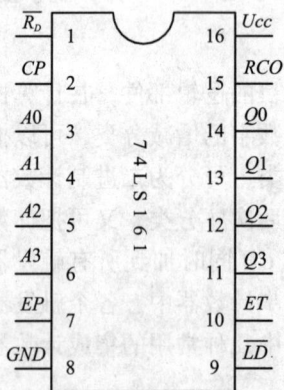

图 5 - 6　74LS161 引脚图

74LS161 芯片的 $\overline{R_D}$ 是直接清零端，$\overline{LD}$ 是预置数控制端，A3、A2、A1 和 A0 是预置数据输入端，EP 和 ET 是计数控制端，Q3、Q2 和 Q1 是计数输出端，RCO 是进位输出端，它的设置为多片集成计数器的级联提供了方便。

74LS161 的功能表如表 5 - 5 所示。

清零	预置	控制		时钟	预置数据输入				输 出			
$\overline{R_D}$	$\overline{LD}$	EP	ET	CP	A3	A2	A1	A0	$Q3$	$Q2$	$Q1$	$Q0$
0	×	×	×	×	×	×	×	×	0	0	0	0
1	0	×	×	↑	d_3	d_2	d_1	d_0	d_3	d_2	d_1	d_0
1	1	0	×	×	×	×	×	×	保持			
1	1	×	0	×	×	×	×	×	保持			
1	1	1	1	↑	×	×	×	×	计数			

由表 5 −5 可知，74LS161 具有以下功能：

（1）异步清零。$\overline{R_D} = 0$ 时，计数器输出被直接清零，与其他输入端的状态无关。

（2）同步并行预置数。在 $\overline{R_D} = 1$ 条件下，当 $\overline{LD} = 0$，且有时钟脉冲 CP 的上升沿作用时，A3、A2、A1、A0 输入端的数据 d_3、d_2、d_1、d_0 将分别被 $Q3$、$Q2$、$Q1$、$Q0$ 所接收。

（3）保持。在 $\overline{R_D} = \overline{LD} = 1$ 条件下，当 $ET \cdot EP = 0$，不管有无 CP 脉冲作用，计数器都将保持原有状态不变。需要说明的是，当 $EP = 0$，$ET = 1$ 时，进位输出 RCO 也保持不变；而当 $ET = 0$ 时，不管 EP 状态如何，进位输出 $RCO = 0$。

（4）计数。当 $\overline{R_D} = \overline{LD} = EP = ET = 1$ 时，74LS161 处于计数状态。

常用同步二进制计数器芯片有：

74LS161 可予制四位二进制异步清除计数器；

74LS163 可予制四位二进制同步清除计数器；

74LS169 二进制四位加/减同步计数器；

74LS191 二进制同步可逆计数器；

74LS193 可预置四位二进制双时钟可逆计数器；

74LS669 为同步二进制可逆计数器。

二、同步十进制计数器

二进制计数器结构简单，但是读数不符合人的习惯，所以在有些场合采用十进制计数器较为方便。十进制计数器是在二进制计数器的基础上得出的，用 4 位二进制数来代表十进制的每一位数，所以也称为二—十进制计数器。

在 CP 作用下，计数器的状态 $Q_3^{n+1} Q_2^{n+1} Q_1^{n+1} Q_0^{n+1}$ 按照 0000→0001→⋯→1001→0000 循环，这 10 个状态称为有效状态。而 1010、1011、1100、1101、1110、1111 这个 6 个状态称为无效状态。

同步二进制加法计数器状态转移表如表 5 −6 所示。

表 5 −6　　　　　　　　同步二进制加法计数器状态转移表

Q_3	Q_2	Q_1	Q_0	Q_3^{n+1}	Q_2^{n+1}	Q_1^{n+1}	Q_0^{n+1}
0	0	0	0	0	0	0	1
0	0	0	1	0	0	1	0
0	0	1	0	0	0	1	1
0	0	1	1	0	1	0	0
0	1	0	0	0	1	0	1
0	1	0	1	0	1	1	0
0	1	1	0	0	1	1	1
0	1	1	1	1	0	0	0
1	0	0	0	1	0	0	1
1	0	0	1	1	0	0	0
1	0	1	0	1	0	1	1
1	0	1	1	1	1	0	0
1	1	0	0	1	1	0	1
1	1	0	1	1	1	1	0
1	1	1	0	1	1	1	1
1	1	1	1	0	0	0	0

常用同步十进制计数器芯片有：

74160　*TTL*　可预置 *BCD* 异步清除计数器；

74162　*TTL*　可预置 *BCD* 同步清除计数器；

74190　*TTL*　*BCD* 同步加/减计数器；

74192　*TTL*　可预置 *BCD* 双时钟可逆计数器。

三、异步十进制计数器

异步十进制计数器的特点如下：

（1）各触发器之间的连接方式由加、减计数方式及触发器的触发方式决定。对于加计数器，若用上升沿触发的触发器组成，则应将低位触发器的 $\overline{Q}$ 端与相邻高一位触发器的时钟脉冲输入端相连（即进位信号应从触发器的 $\overline{Q}$ 端引出）；若用下降沿触发的触发器组成，则应将低位触发器的 Q 端与相邻高一位触发器的时钟脉冲输入端连接。对于减计数器，各触发器的连接方式则相反。

（2）在异步十进制计数器中，高位触发器的状态翻转必须在低一位触发器产生进位信号（加计数）或借位信号（减计数）之后才能实现。故又称这种类型的计数器为串行计数器。也正因为如此，异步计数器的工作速度较低。

74LS290 是常用异步十进制计数器芯片，是二/五分频十进制计数器。

74LS290 芯片引脚图如图 5 −7 所示。

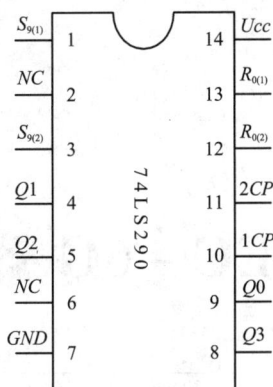

图 5 - 7　74LS290 引脚图

74LS290 由一个一位二进制计数器和一个异步五进制计数器组成。如果计数脉冲由 $1CP$ 端输入，输出由 Q_0 端引出，即是二进制计数器；如果计数脉冲由 $2CP$ 端输入，输出由 $Q_3 Q_2 Q_1$ 引出，即是五进制计数器；如果将 Q_0 与 CP_1 相连，计数脉冲由 CP_0 输入，输出由 $Q_3 Q_2 Q_1 Q_0$ 引出，即得 8421 码十进制计数器。因此，该芯片又称为二—五—十进制计数器。

74LS290 的逻辑功能表如表 5 - 7 所示。

表 5 - 7　　　　　　　　　　　74LS290 逻辑功能表

复位输入		置位输入		时钟	输　　出			
$R_{0(1)}$	$R_{0(2)}$	$S_{9(1)}$	$S_{9(2)}$	CP	Q_3	Q_2	Q_1	Q_0
1	1	0	×	×	0	0	0	0
		×	0					
×	×	1	1	×	1	0	0	1
×	0	×	0	↓	计数			
0	×	0	×	↓	计数			
0	×	×	0	↓	计数			
×	0	0	×	↓	计数			

由表可以看出，当复位输入 $R_{0(1)} = R_{0(2)} = 1$，且置位输入 $S_{9(1)} = S_{9(2)} = 0$ 时，74LS290 的输出被直接置零；只要置位输入 $S_{9(1)} = S_{9(2)} = 1$，则 74LS290 的输出将被直接置 9，即 $Q_3 Q_2 Q_1 Q_0 = 1001$；只有同时满足 $R_{0(1)} \cdot R_{0(2)} = 0$ 和 $S_{9(1)} \cdot S_{9(2)} = 0$ 时，才能在计数脉冲（下降沿）作用下实现二—五—十进制加法计数。

第二部分

TEC－6G 计算机组成原理
实验系统概述

TEC－6G 计算机组成原理实验系统由一台 8 位模型计算机系统和外围电路组成。通过该系统的使用学生可完成计算机组成原理课程实验，同时也可以完成部分计算机体系结构和数字电路设计实验。

该系统各组成部分结构清晰，操作简单，有利于学生掌握其组成结构、工作原理。学生可通过在模型机进行计算机组成原理各章节的实验，充分理解计算机硬件系统各组成部分的电路组成、工作原理、控制过程、各部件之间的关系、整机工作原理以及地址流、数据流和控制流在不同操作时的走向。

TEC－6G 计算机组成原理实验系统特点是突出了计算机硬件系统的基本结构、基本功能，省去了商业机复杂的运算和控制功能。实验程序是通过学生用手拨动二进制开关输入的，使学生能够从最底层掌握计算机的基本电路、各组成部件的工作过程和工作原理，直接观察到运算和控制的中间结果和最终结果。

第六章

TEC - 6G 计算机组成
原理实验系统

第一节　TEC - 6G 计算机组成原理实验系统
实验箱简介

TEC - 6G 计算机组成原理实验系统实验箱由以下四部分构成。

（1）电源。安装在实验箱的下部，输出 +5V，最大电流为3A。220V 交流电源开关安装在实验箱的右侧。220V 交流电源插座安装在实验箱的背面。实验台上有一个 +5V 电源指示灯。

（2）实验台。实验台安装在实验箱的上部，由一块印制电路板构成。TEC - 6G 模型计算机安装在这块印刷电路板上。学生在这个实验台上进行实验。

（3）硬布线控制器。硬布线控制器安装在一块小电路板上，小电路板插在实验平台中部的插座上。硬布线控制器主要由一片 ALTERA 公司的 EPM3128 器件构成。该电路板上还有一个下载插座，学生自己设计硬布线控制器时，通过下载电缆将设计下载到 EPM3128 器件中构成新的硬布线控制器。

（4）下载电缆。用于将学生自行设计的硬布线控制器或者其他电路下载到小电路板上的 EPM3128 器件中。下载前必须将下载电缆的一端和 PC 机的并行口连接，另一端和小电路板上的下载插座连接。

第二节　TEC - 6G 计算机组成原理实验
系统的硬件系统

TEC - 6G 计算机组成原理实验系统硬件由一台 8 位模型计算机系统和外围电路组成。它有两个突出特点：

1. 它有微程序控制器和硬布线控制器两个控制器，两个控制器都能对模型计算机各部分进行控制，两个控制器产生的控制信号采用拨动转换开关一次切换方式向模型计算机其他部分输出。

2. 寄存器组中有 4 个 8 位寄存器，其中寄存器 R0 作为累加器使用，其余寄存器 R1、R2、R3 作为通用寄存器使用。

TEC–6G 计算机组成原理实验系统硬件系统结构图如图 6–1 所示。

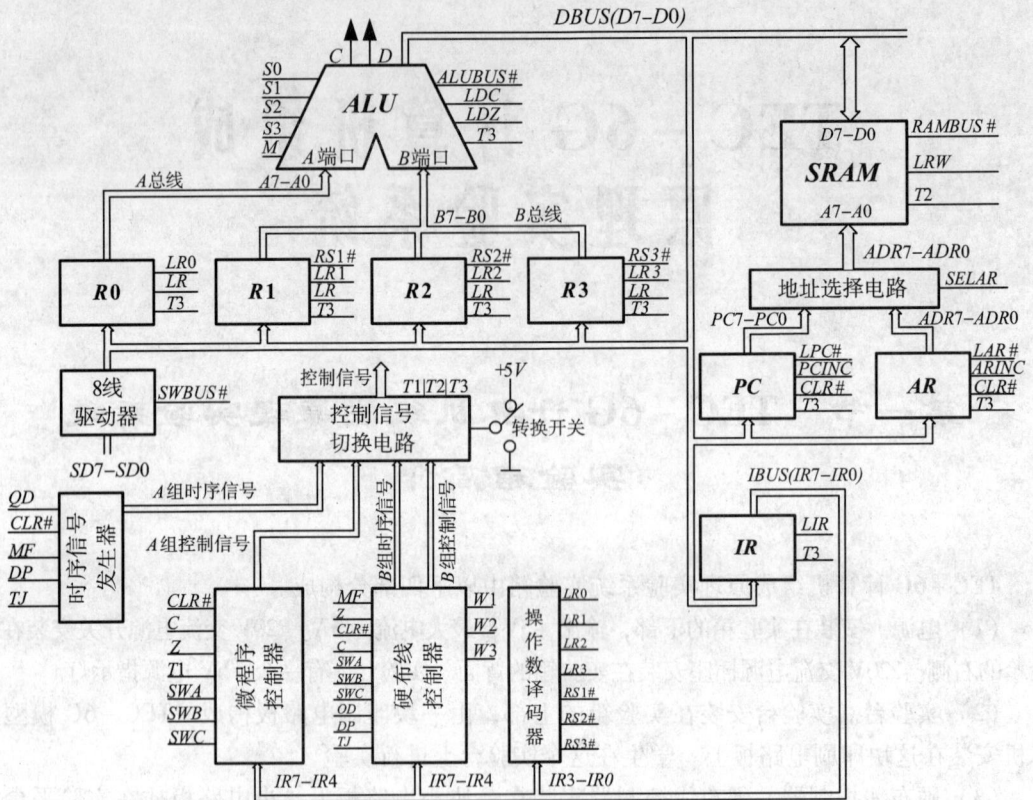

图 6–1　TEC–6G 计算机组成原理实验系统硬件系统结构

TEC–6G 计算机组成原理实验系统硬件系统由以下各部分组成：

一、时序信号发生器

机器一旦被启动，即 CPU 开始取指令并执行指令时，操作控制器就利用定时脉冲的顺序和不同的脉冲间隔，有条理、有节奏地指挥机器的动作，规定在这个脉冲到来时做什么，在那个脉冲到时又做什么，给计算机各部分提供工作所需的时间标志。为此，需要采用多级时序体制。

TEC–6G 计算机组成原理实验系统的时序信号发生器是由时序信号发生器电路组成，该电路发出不同的时序信号控制各功能部件和各操作步骤有条不紊地进行。

TEC–6G 的时序信号发生器电路由 1 片 GAL16V8、2 个 RS 触发器、1 个双位开关和 1 个振荡频率为 1MHz 的石英晶体振荡器组成。

时序信号发生器电路图如图 6–2 所示。

4 个引脚的石英晶体振荡器产生 1MHz 的主时钟信号 MF 被送到 GAL16V8（U6），用于产生时序信号 A–T1、A–T2 和 A–T3。

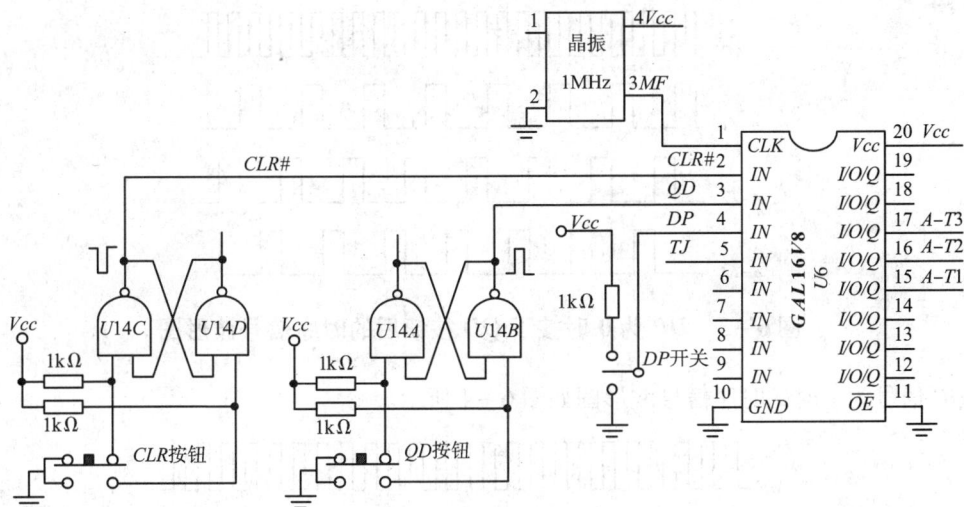

图 6 - 2　时序信号发生器电路

GAL16V8（U6）根据主时钟信号 MF、复位信号 $CLR#$、启动信号 QD 和停机信号 TJ 产生时序信号 $A - T1$、$A - T2$ 和 $A - T3$。

时序信号 $A - T1$、$A - T2$ 和 $A - T3$ 是使用微程序控制器时，$TEC - 6G$ 模型计算机的时序信号。

在本书的后续实验部分的章节中，后缀为#的信号名表示信号为低电平有效。

由图 6 - 2 可见：

1. 停止电路。

由 RS 触发器构成停止电路，用于产生复位信号 $CLR#$。该 RS 触发器组成为：

a. 2 个与非门 $U14C$、$U14D$；

b. 2 个 1kΩ 电阻；

c. 1 个 CLR（复位）按钮。

当 $CLR#$ 信号为 0 时，$TEC - 6G$ 模型计算机处于复位状态，停止运行，等待启动。

2. 启动电路。由 RS 触发器构成启动电路，用于产生启动信号 QD。该 RS 触发器组成为：

a. 2 个与非门 $U14A$、$U14B$；

b. 2 个 1kΩ 电阻；

c. 1 个 QD（启动）按钮。

当 QD 信号为 1 时，$TEC - 6G$ 模型计算机启动，时序信号发生器开始输出时序信号 $A - T1$、$A - T2$ 和 $A - T3$。

3. 微指令信号产生开关。双位开关 DP 用于产生单微指令信号 DP。

当 DP 信号为 0 时，按下启动按钮 QD，时序信号发生器产生连续的 $A - T1$、$A - T2$ 和 $A - T3$，直到微程序控制器产生的 $A - TJ$ 信号为 1 时为止，或者复位信号 $CLR#$ 为 0 时为止。

DP 为 0 时按下 QD 按钮后的时序信号波形图如图 6 - 3 所示。

当 DP 信号为 1 时，按下 QD 按钮后，时序信号发生器只能产生一组 $A - T1$、$A - T2$ 和 $A - T3$。此时，每按下一次 QD 按钮，只能执行 1 条微指令。

图 6 − 3   *DP* 为 0 时按下 *QD* 按钮后的时序信号波形图

DP 信号为 1 时的时序信号波形图如图 6 − 4 所示。

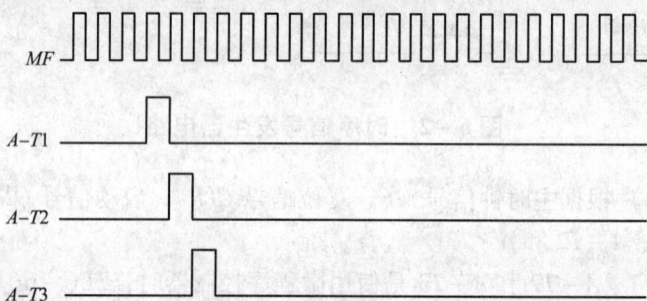

图 6 − 4   *DP* 为 1 时按下 *QD* 按钮后的时序信号波形图

二、运算器电路

1. 算术逻辑单元 *ALU*。运算器的核心部件是算术逻辑单元 *ALU*，它是数据加工处理部件。相对控制器而言，*ALU* 接受控制器的命令而进行动作，即 *ALU* 所进行的全部操作都是由控制器发出的控制信号来指挥的，所以它是执行部件。*ALU* 有两个主要功能：

（1）执行所有的算术运算；

（2）执行所有的逻辑运算，并进行逻辑测试，如零值测试或两个值的比较。

TEC − 6G 计算机组成原理实验系统的算数逻辑运算单元 *ALU* 可以进行 8 位二进制数算数逻辑运算。参加运算的数据由累加器 *R0* 以及寄存器 *R1*、*R2*、*R3* 中的一个，通过 *A* 总线和 *B* 总线送入 *ALU* 的 *A* 端口和 *B* 端口。*ALU* 在控制信号的控制下进行运算，TEC − 6G 模型计算机 *ALU* 可以实现加减、逻辑与或等运算。运算的结果被送到数据 8 位总线 *DBUS* 上，结果的标志位直接输出到相应的 D 触发器。*ALU* 所进行的全部操作都是由控制器发出的控制信号来指挥的，所以它是执行部件。

TEC − 6G 计算机组成原理实验系统的运算器电路由 2 片算术逻辑单元 74LS181 （*U58* 和 *U59*）、1 片四 2 输入正与门 74LS08 （*U29*）、1 片双 D 触发器 74LS74 （*U52*）、1 片 8 线驱动器 74LS244 （*U39*）、1 片 8 线反相驱动器 74LS240 （*U40*）和 1 片 8 输入正与非门 74LS30 （*U47*）构成。

运算器电路图如图 6 − 5 所示。

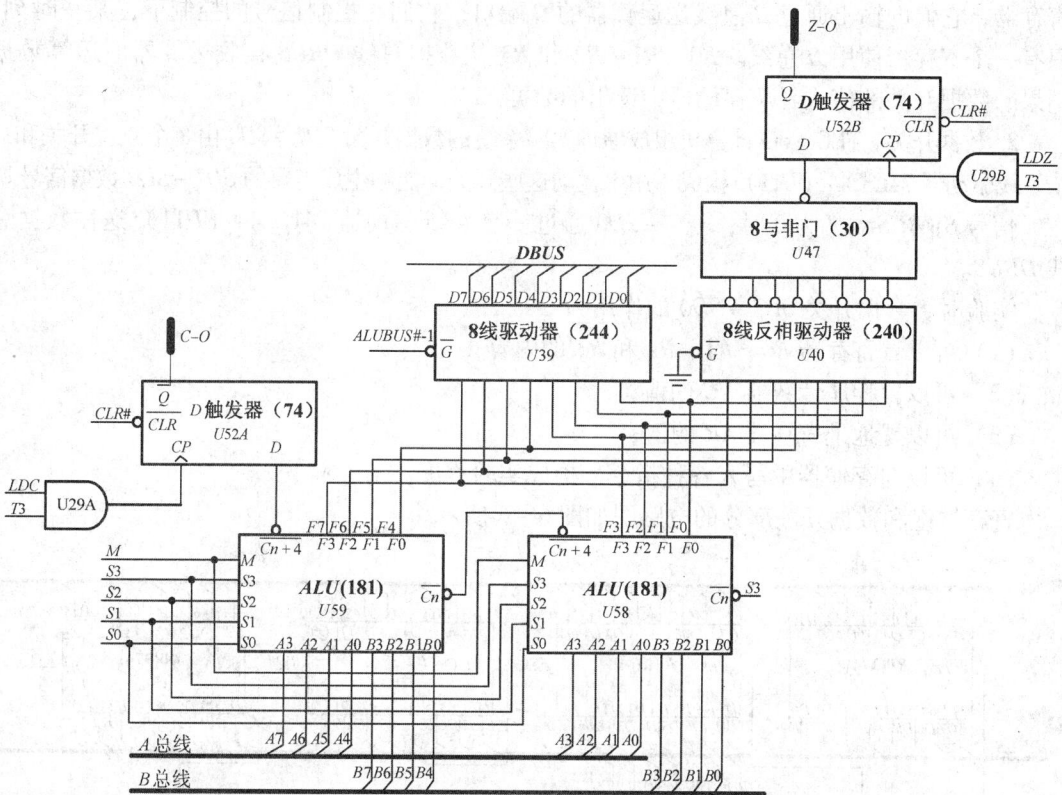

图 6-5 运算器电路

算术逻辑单元 ALU 的作用是在控制信号的控制下，对 A 总线（A7-A0）和 B 总线（B7-B0）上送来的 2 个 8 位数据进行算术逻辑运算，运算后的数据结果在控制信号 ALUBUS#-I 为 0 时送数据总线 DBUS（D7-D0），并在 T3 的上升沿保存进位标志位 C-0 和结果为 0 标志位 Z-0。

2. 状态条件寄存器。状态条件寄存器保存由算术指令和逻辑指令运行或测试的结果建立的各种条件码内容，如运算结果进位标志（C），运算结果溢出标志（V），运算结果为 0 标志（Z），运算结果为负标志（N）等等。这些标志位通常分别由 1 位触发器保存。

TEC-6G 计算机组成原理实验系统对运算结果的进位标志 C 和结果为 0 标志 Z 由 ALU 的 C、D 端输出，通过 2 片 D 触发器 74LS74D 芯片保存。

三、寄存器组和数据开关

1. 寄存器组。累加寄存器也称为累加器，它是一个特殊的通用寄存器。其功能是：当运算器的算术逻辑单元 ALU 执行算术或逻辑运算时，为 ALU 提供一个工作区。累加寄存器暂时存放 ALU 运算的结果信息。运算器中至少要有一个累加寄存器。

通用寄存器组是用来存放参加运算的操作数或操作数地址或运算的中间结果的。它们的长度通常与机器字长一致。

TEC-6G 计算机组成原理实验系统的寄存器组由 4 个 8 位寄存器 R0、R1、R2 和 R3 组成。其中 R0 是累加器，它输出的数据通过 A 总线送运算器的 A 端口；R1、R2 和 R3 是通用寄存器，它们的输出通过 B 总线送运算器的 B 端口，它们在控制信号的控制下，某一时刻，只有一个寄存器使用 B 总线。$R0$、$R1$、$R2$ 和 $R3$ 从数据总线 $DBUS$ 接收运算器的运算数据结果、数据开关的值或者从存储器中读出的数据。

2. 数据开关。TEC$-$6G 计算机组成原理实验系统的数据开关 $SD7-SD0$ 由 8 个双位开关和一个 8 线驱动器 74LS244（$U11$）构成。用手拨动这些开关，能够生成需要的 $SD7-SD0$ 数据信号。

信号 $SWBUS\#-I$ 为 0 时，$SD7-SD0$ 通过一个 8 线驱动器 74LS244（$U11$）送往数据总线 $DBUS$。

实验时，数据开关 $SD7-SD0$ 的作用为：

（1）可以置寄存器 $R0$、$R1$、$R2$ 和 $R3$ 的内容；

（2）可以置程序计数器 PC 的值；

（3）可以置地址寄存器 AR 的值；

（4）可以向存储器中写入各种指令，构成实验程序。

寄存器组和数据开关部分的电路图如图 6$-$6 所示。

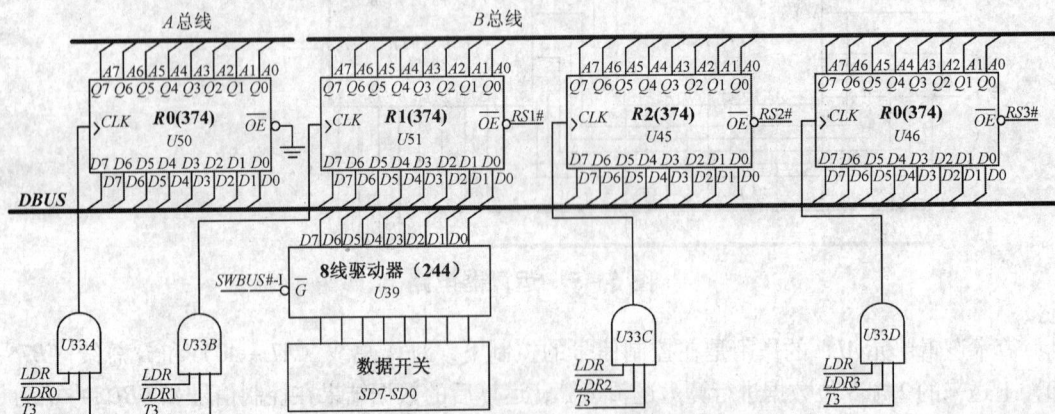

图 6$-$6 寄存器组和数据开关部分电路

四、存储器、程序计数器和地址寄存器

1. TEC$-$6G 计算机组成原理实验系统的存储器。主存储器也称之为内存用来存放程序和数据的。存储器中最小的存储单位就是一个双稳态半导体电路或一个 $COMS$ 晶体管或磁性材料的存储元，它可存储一个二进制代码。由若干个存储元组成一个存储单元，然后再由许多存储单元组成一个存储器。按存储器的读写功能分存储器可分为随机读写存储器 RAM 和只读存储器（ROM）。

随机读写存储器 RAM 又分为静态随机存储器 $SRAM$ 和动态随机存储器 $DRAM$。$SRAM$ 是用锁存器作为存储元；$DRAM$ 是用一个 MOS 晶体管和电容器组成存储元。$DRAM$ 除读写操作外，还需要刷新电路。因此 $SRAM$ 的存储速度一般比 $DRAM$ 快。

TEC$-$6G 计算机组成原理实验系统的存储器由 1 片高速静态 $CMOS$ 随机存取存储器（$SRAM$）HM6116（$U55$）芯片组成，容量为 2048×8bits，即 $2K\times8$bits。这个 $SRAM$ 用来存放实验程序和运算数据。

TEC-6G 计算机组成原理实验系统是一台 8 位模型计算机，使用 8 位存储器地址 *ADR*7 - *ADR*0。存储器地址 *ADR*7 - *ADR*0 有 2 个来源：

（1）来自程序计数器。

当信号 *SELAR* 为 0 时，选择程序计数器的 *PC*7 - *PC*0 送 *ADR*7 - *ADR*0。

（2）来自地址寄存器。

当信号 *SELAR*# 为 0 时，选择地址寄存器的 *AR*7 - *AR*0 送 *ADR*7 - *ADR*0。

2. TEC-6G 计算机组成原理实验系统的程序计数器。为了保证程序能够连续地执行下去，*CPU* 必须具有某些手段来确定下一条指令的地址。而程序计数器正是起到这种作用，所以通常又称为指令计数器 *PC*。在程序开始执行前，必须将它的起始地址，即程序的一条指令所在的内存单元地址送入 *PC*，因此 *PC* 的内容即是从内存提取的第一条指令的地址。当执行指令时，*CPU* 将自动修改 *PC* 的内容，以便使其保持的总是将要执行的下一条指令的地址。由于大多数指令都是按顺序来执行的，所以修改的过程通常只是简单的对 *PC* 加 1。

但是，当遇到转移指令如 *JMP* 指令时，那么后继指令的地址（即 *PC* 的内容）必须从指令的地址段取得。在这种情况下，下一条从内存取出的指令将由转移指令来规定，而不是像通常一样按顺序来取得。因此程序计数器的结构应当是具有寄存信息和计数两种功能的结构。

TEC-6G 计算机组成原理实验系统用一个 8 位程序计数器 *PC* 存放即将要执行指令的地址。*PC* 中的数据被送到地址选择器电路，*PC* +1→*PC*，由地址选择器发出 8 位地址信号，选定存储器 *SRAM* 中的一个单元。该单元中的数据通过数据 8 位总线 *DBUS* 输入到指令译码器 *IR* 中寄存。

TEC-6G 计算机组成原理实验系统的程序计数器 *PC* 由 2 片可予制四位二进制异步清除计数器 74LS161（*U*43、*U*44）芯片构成。

程序计数器 *PC* 的工作原理如下：

（1）当信号 *LPC*# 为 0 时，在 *T*3 的上升沿将数据总线 *DBUS* 上的数据写入 *U*43 和 *U*44，作为程序的初始地址；

（2）当信号 *PCINC* 为 1 时，在 *T*3 的上升沿程序计数器的值加 1；

（3）当复位信号 *CLR*# 为 0 时，在 *T*3 的下降沿，程序计数器被复位到 0。

3. TEC-6G 计算机组成原理实验系统的地址寄存器。地址寄存器用来保存当前 *CPU* 所访问的内存单元的地址。由于在内存和 *CPU* 之间存在着操作速度上的差别，所以必须使用地址寄存器来保持地址信息，直到内存的读/写操作完成为止。

当 *CPU* 和内存进行信息交换，即 *CPU* 向内存存/取数据时，或者 *CPU* 从内存中读出指令时，都要使用地址寄存器和数据缓冲寄存器。同样，如果我们把外围设备的设备地址作为像内存的地址单元那样来看待，那么，当 *CPU* 和外围设备交换信息时，我们同样使用地址寄存器和数据缓冲寄存器。

地址寄存器的结构和数据缓冲寄存器、指令寄存器一样，通常使用单纯的寄存器结构。信息的存入一般采用电位 - 脉冲方式，即电位输入端对应数据信息位，脉冲输入端对应控制信号，在控制信号作用下，瞬时地将信息打入寄存器。

TEC-6G 计算机组成原理实验系统的地址寄存器 *AR* 是一个 8 位寄存器，*AR* 存放操作数的 8 位地址，这个地址通过地址选择器选中内存中相应的单元，单元中的数据就是将要参加运算的操作数或操作数地址。

TEC-6G 计算机组成原理实验系统的地址寄存器 *AR* 也是由 2 片可予制四位二进制异步

清除计数器 74LS161 （U43、U44）芯片构成。

地址寄存器 AR 的工作原理如下：

（1）当信号 LAR#为 0 时，在 T3 的上升沿将数据总线 DBUS 上的数据写入 U36 和 U37，作为存储器地址；

（2）当信号 ARINC 为 1 时，在 T3 的上升沿地址寄存器的值加 1；

（3）当复位信号 CLR#为 0 时，在 T3 的下降沿，地址寄存器被复位到 0。

4. TEC－6G 计算机组成原理实验系统的指令寄存器。指令寄存器用来保存当前正在执行的一条指令。当执行一条指令时，先把它从内存取到缓冲寄存器中，然后再传送至指令寄存器。指令划分为操作码和地址码字段，由二进制数字组成。为了执行任何给定的指令，必须对操作码进行测试，以便识别所要求的操作。指令译码器就是做这项工作的。指令寄存器中操作码字段的输出就是指令译码器的输入。操作码一经译码后，即可向操作控制器发出具体操作的特定信号。

TEC－6G 计算机组成原理实验系统的指令寄存器 IR 是一个 8 位寄存器，IR 用来暂存 CPU 从存储器取出来指令的代码。CPU 根据程序计数器 PC 指定的地址，每次从存储器取出 8 位指令由数据总线 DBUS 输入到 IR 中寄存。IR 在控制信号的控制下，通过控制总线（指令总线）IBUS 将指令送入微程序控制器或硬布线控制器。

TEC－6G 计算机组成原理实验系统的指令寄存器 IR（U10）由一片三态反相八 D 锁存器 74LS374 芯片构成。

指令寄存器 IR 的工作原理如下：

当信号 LIR 为 1 时，在 T3 的上升沿，从数据总线 DBUS 上将从存储器中读出的指令存入指令寄存器 IR。指令操作码 IR7－IR4 送微程序控制器和硬布线控制器，指令操作数 IR3－IR0 送操作数译码器。

存储器、地址寄存器和程序计数器部分的电路图如图 6－7 所示。

五、微程序控制器

TEC－6G 计算机组成原理实验系统的微程序控制器是由控制存储器逻辑电路、微地址寄存器逻辑和微地址转移逻辑电路三部分组成。该电路产生各种控制信号，控制实验系统各功能部件的各种操作。

1. 控制存储器。控制存储器用来存放实现全部指令系统的微程序，它是一种只读存储器。一旦微程序固化，机器运行时则只读不写。其工作过程是：每读出一条微指令，则执行这条微指令；接着又读出下一条微指令，又执行这一条微指令……读出一条微指令并执行微指令的时间总和称为一个微指令周期。通常，在串行方式的微程序控制器中，微指令周期就是只读存储器的工作周期。控制存储器的字长就是微指令字的长度，其存储容量视机器指令系统而定，即取决于微程序的数量。对控制存储器的要求是速度快，读出周期要短。

TEC－6G 计算机组成原理实验系统的控制存储器由 5 片 EEPROM HN58C65 芯片组成。实验台上 HN58C65 芯片编号为 U1、U2、U3、U4 和 U5。HN 58C65 容量为 8196×8bits，即 8K×8bits。其中 U2、U3、U4 和 U5 用于存储微指令，最高位的 U1 用于产生 SEL3－SEL0 等控制信号。

2. 微地址寄存器。微指令寄存器用来存放由控制存储器读出的一条微指令信息。其中

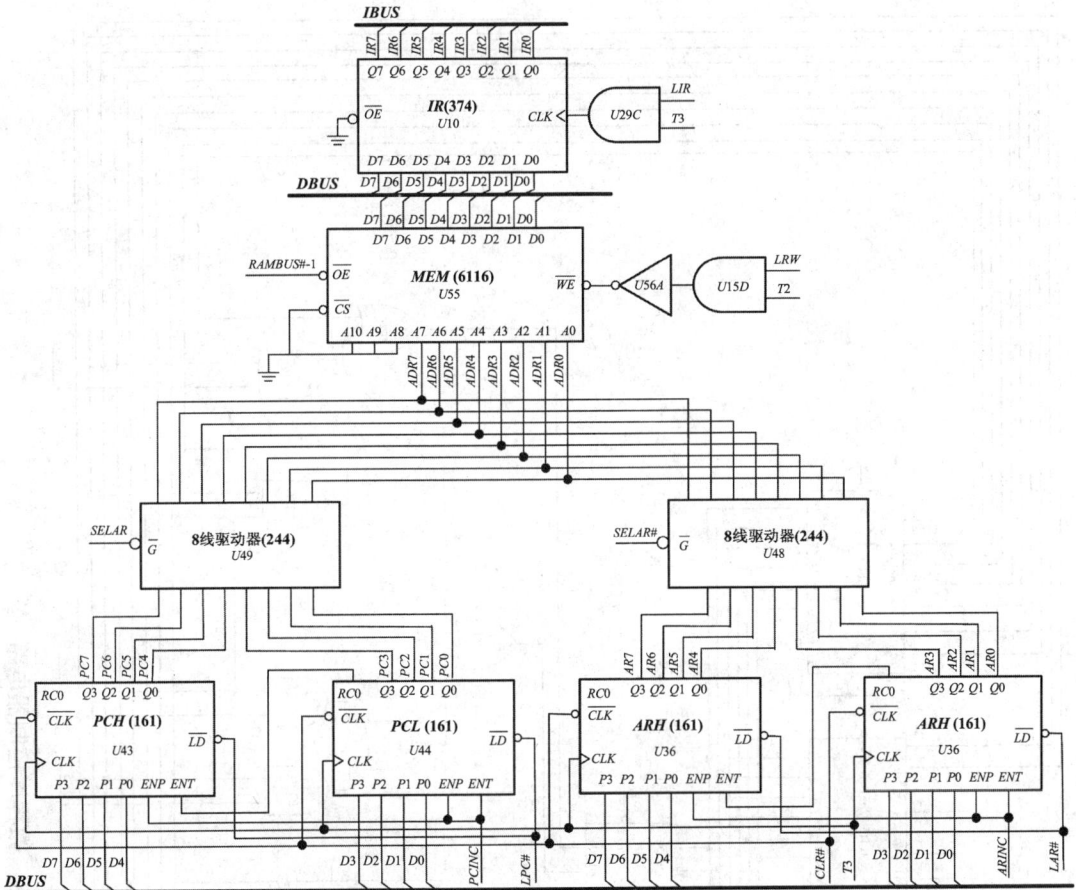

图 6-7 存储器、地址寄存器和程序计数器电路

微地址寄存器决定将要访问的下一条微指令的地址，而微命令寄存器则保存一条微指令的操作控制字段和判别测试字段的信息。

TEC-6G 计算机组成原理实验系统的微地址寄存器由 1 片带公共时钟和复位六 D 触发器 74LS174（U22）芯片组成。

微地址寄存器的工作原理如下：

当复位信号 CLR#为 0 时，将微地址复位为 0。在时序信号 T3 的下降沿（T3-N 的上升沿），将新的微地址打入微地址寄存器。

3. 微地址转移逻辑电路。微地址转移逻辑电路用来生成下一条微指令的微地址。在一般情况下，微指令由控制存储器读出后直接给出下一条微指令的地址，通常我们简称微地址，这个微地址信息就存放在微地址寄存器中。如果微程序不出现分支，那么下一条微指令的地址就直接由微地址寄存器给出。当微程序出现分支时，意味着微程序出现条件转移。在这种情况下，通过判别测试字段 P 和执行部件的"状态条件"反馈信息，去修改微地址寄存器的内容，并按改好的内容去读下一条微指令。地址转移逻辑就承担自动完成修改微地址的任务。

TEC-6G 计算机组成原理实验系统的微地址转移逻辑电路采取了两级与非逻辑实现，由或门 U21、U28、U32 和与门 U25、U17、U30 构成。

微程序控制器的电路图如图 6-8 所示。

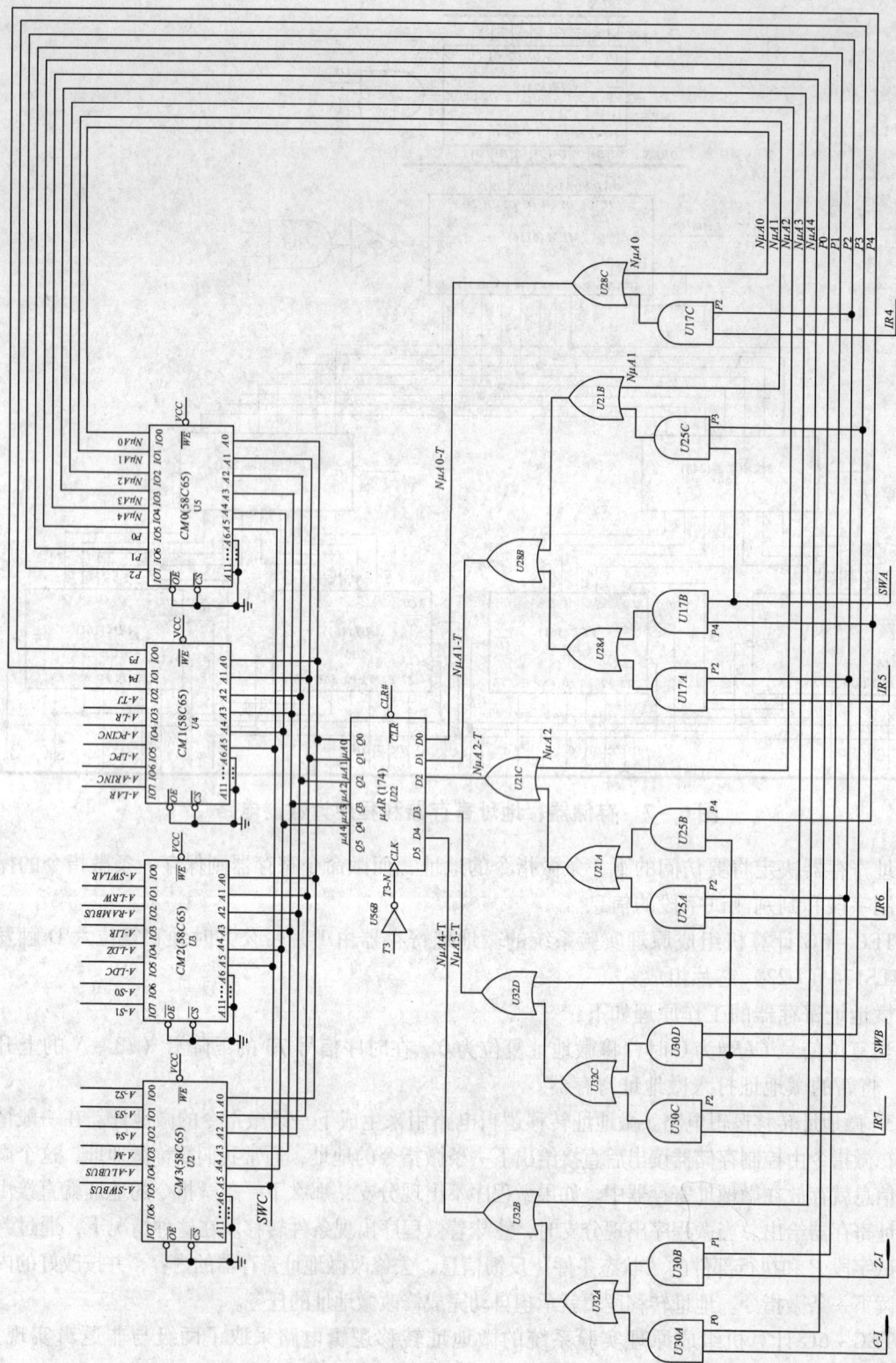

图6-8 微程序控制器电路

TEC-6G计算机组成原理实验系统的微程序控制器接收指令操作码 $IR7-IR0$，接收时序信号 $T3-N$、控制台模式开关信号 SWC、SWB、SWA、进位标志 $C-I$、结果为零标志 $Z-I$ 和复位信号 $CLR\#$，产生 TEC-6G 模型计算机所需要的各种控制信号。

六、硬布线控制器

硬布线控制器是早期设计计算机的一种方法。这种方法是把控制部件看作为产生专门固定时序控制信号的逻辑电路，而此逻辑电路以使用最少元件和取得最高操作速度为设计目标。一旦控制部件构成后，除非重新设计和物理上对它重新布线，否则要想增加新的控制功能是不可能的。这种逻辑电路是一种由门电路和触发器构成的复杂树形逻辑网络，故称之为硬布线控制器。

在用硬布线实现的操作控制器中，通常，时序产生器除了产生节拍脉冲信号外，还应当产生节拍电位信号。因为在一个指令周期中要顺序执行一系列微操作，需要设置若干节拍电位来定时。

由于采用同步工作方式，长指令和短指令对节拍时间的利用都是一样的。这对短指令来讲，在时间的利用上是浪费的，因而也降低了 CPU 的指令执行速度，影响到机器的速度指标。为了改变这种情况，在设计短指令流程时可以跳过某些节拍。当然在这种情况下，节拍信号发生器的电路相应就要复杂一些。

节拍电位信号的产生电路与节拍脉冲产生电路十分类似，它可以在节拍脉冲信号时序器的基础上产生，运行中以循环方式工作，并与节拍脉冲保持同步。

在硬布线控制器中，某一微操作控制信号由布尔代数表达式描述的输出函数产生。

TEC-6G计算机组成原理实验系统的硬布线控制器是由硬布线控制器逻辑电路组成。该电路产生各种控制信号，控制实验系统各功能部件的各种操作。

TEC-6G计算机组成原理实验系统的硬布线控制器由 1 片 ALTERA 公司的 $MAX3000$ 系列可编程逻辑器件 $EPM3128$ 芯片构成。$EPM3128$ 中有 128 个宏单元，将硬布线控制器设计下载这个芯片后，它就成了硬布线控制器。采用在系统可编程器件构成控制器有利于将硬布线控制器设计成各种需要的方案。

$EPM3128$ 安装在 TEC-6G 实验平台的一块小板上。小板上有一个 10 芯下载插座。当需要设计新的硬布线控制器时，将下载电缆的一端接 PC 机的并行口，另一端接下载插座，能够将新的硬布线控制器下载到 $EMP3128$ 芯片中。新硬布线控制器的编程和下载在 Quartus II软件中进行。

TEC-6G计算机组成原理实验系统的时序信号发生器逻辑电路也放在 $EPM3128$ 中。实验系统中有两个时序信号发生器，一个是如 2.2.1 节所述的，适用于微程序控制器的时序信号发生器；另一个放在了 $EPM3128$ 中。$EPM3128$ 中的时序信号发生器除了产生时序信号 $B-T1$、$B-T2$、$B-T3$ 外，还产生机器周期信号 $W1$、$W2$ 和 $W3$。一条指令在 3 个机器周期内完成。在 DP 信号为 1 时，按一次 QD 按钮，只执行一个机器周期。

七、控制信号的切换

TEC-6G计算机组成原理实验系统中，有 2 个控制器，分别为微程序控制器和硬布线控制器；对于这2个控制器分别有2个时序信号发生器为其产生各种时序信号。在任何时刻，只能有一个时序发生器产生的时序信号和一个控制器产生的控制信号。为了对这2组信号进行转换，实验系统使用了独创的时序信号、控制信号切换方法。

TEC-6G计算机组成原理实验系统的控制信号、时序信号的切换电路由6个8路三态缓冲驱动器74LS244芯片$U12$、$U13$、$U19$、$U20$、$U26$和$U27$组成。74LS244也称为线驱动或总线驱动门电路。

控制信号和时序信号的连接如下：

(1) 微程序控制器产生的控制信号和时序信号发生器产生的时序信号接到$U12$、$U13$、$U19$、$U20$、$U26$和$U27$的$1A3-1A0$输入引脚，这些信号使用前缀"$A-$"标示；

(2) 将硬布线控制器产生的控制信号和时序信号接到$U12$、$U13$、$U19$、$U20$、$U26$和$U27$的$2A3-2A0$输入引脚，这些信号使用前缀"$B-$"标示。

当控制器转换开关拨到微程序控制器位置时，$U12$、$U13$、$U19$、$U20$、$U26$和$U27$的控制引脚$1G$为0，控制引脚$2G$为1，禁止硬布线控制器产生的控制信号和时序信号送数据通路，允许微程序控制器产生的控制信号和时序信号发生器产生的时序信号送数据通路。

当控制器转换开关拨到硬布线控制器位置时，$U12$、$U13$、$U19$、$U20$、$U26$和$U27$的控制引脚$1G$为1，控制引脚$2G$为0，禁止微程序控制器产生的控制信号和时序信号发生器产生的时序信号送数据通路，允许硬布线控制器产生的控制信号和时序信号送数据通路。

因此，用手拨动一次控制器转换开关，就实现了控制信号和时序信号的一次切换，转换简单、可靠，且能带电切换。

微程序控制器产生的控制信号和硬布线控制器产生的控制信号都是高电平有效的信号。为了使高电平有效的信号变为低电平有效的信号，必须使用反相器。

控制信号、时序信号切换电路图如图6-9所示。

八、指示灯

TEC-6G计算机组成原理实验系统的实验台上设置了大量的指示灯，以便在实验过程中观察各种数据。

1. 与运算器有关的指示灯。

(1) 数据总线指示灯$D7-D0$；

(2) 运算器A端口指示灯$A7-A0$；

(3) 运算器B端口指示灯$B7-B0$；

(4) 进位信号指示灯C；

(5) 结果为0信号指示灯Z。

2. 与存储器有关的指示灯。

(1) 程序计数器指示灯$PC7-PC0$，指示程序计数器PC的值；

(2) 地址指示灯$AR7-AR0$，指示地址寄存器AR的值；

(3) 指令寄存器指示灯$IR7-IR0$。

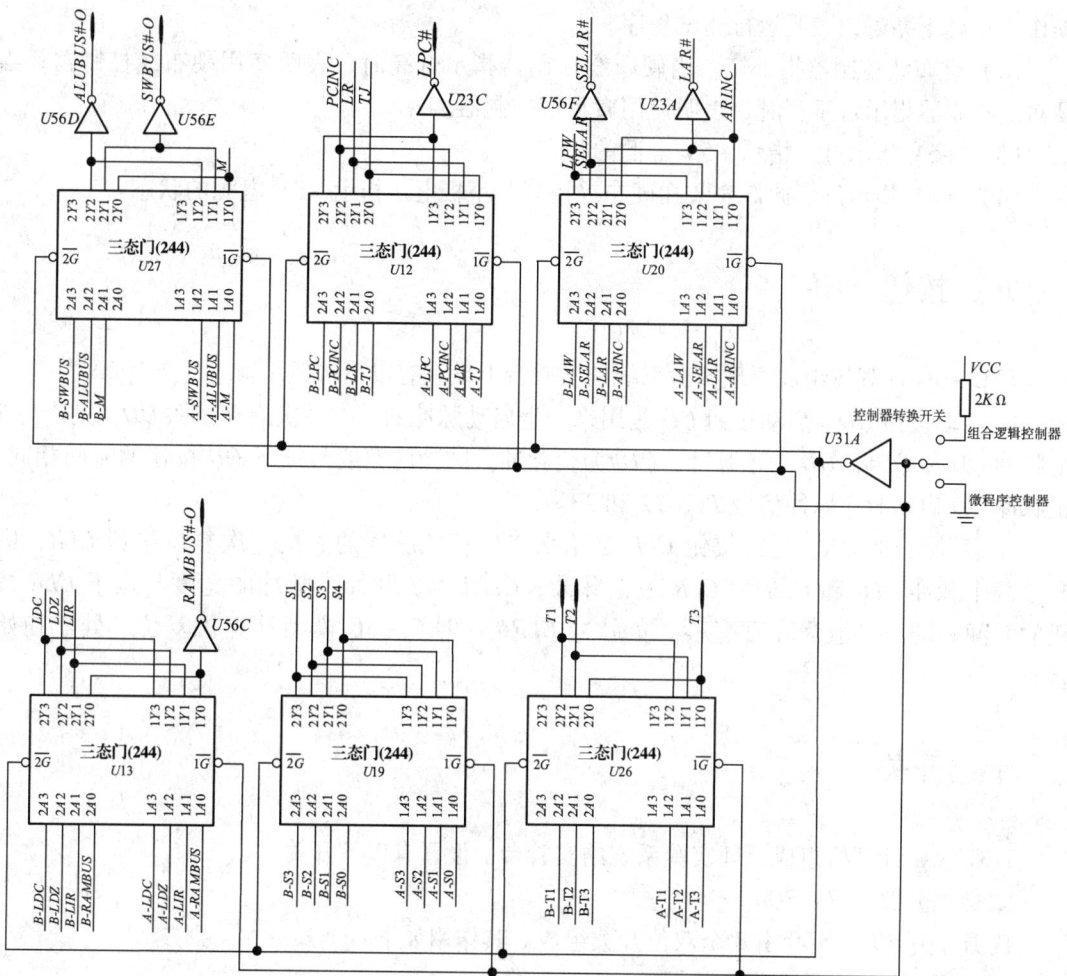

图 6-9 控制信号、时序信号切换电路

3. 与控制器有关的信号指示灯。TEC-6G 计算机组成原理实验系统在使用微程序控制器时，控制信号指示灯指示微程序控制器产生的控制信号以及后继微地址 $N\mu A4 - N\mu A0$ 和判别位 $P4 - P0$，微地址指示灯指示当前的微地址 $\mu A5 - \mu A0$；

在使用硬布线控制器时，显示硬布线控制器产生的控制信号，而微地址指示灯 $\mu A5 - \mu A0$、后继微地址 $N\mu A4 - N\mu A0$ 和判别位指示灯 $P4 - P0$ 没有实际意义。

4. 与时序信号和节拍信号有关的指示灯。TEC-6G 计算机组成原理实验系统中，按下启动按钮 QD 后，至少产生一组 $T1$、$T2$、$T3$ 时钟脉冲信号，由于无法用指示灯显示 $T1$、$T2$、$T3$ 的状态，因此设置了 $T1$、$T2$、$T3$ 观测插孔，使用实验系统的实验台上提供的逻辑笔能够观测 $T1$、$T2$、$T3$ 是否产生。

硬布线控制器产生的机器周期信号 $W1$、$W2$ 和 $W3$，在实验系统的实验台上有对应的指示灯。

5. 其他指示灯。

（1）控制台操作指示灯。当控制台操作指示灯亮时，表明进行控制台操作；当控制台操作指示灯不亮时，表明运行测试程序。

（2）硬布线控制器指示灯。当硬布线控制器指示灯亮时，表明使用硬布线控制器；当硬布线控制器指示灯不亮时，表明使用微程序控制器。

（3）+5V 指示灯。指示 +5V 电源的状态。

（4）+3V 指示灯。此灯安装在硬布线控制器小板上，指示 +3V 电源的状态。

九、按钮

TEC – 6G 计算机组成原理实验系统的实验台上设置有以下按钮：

1. 启动按钮 QD。启动按钮 QD 是用来产生启动脉冲的。按一次启动按钮 QD，则产生 2 个脉冲 QD 和 $QD\#$。QD 为正脉冲，$QD\#$为负脉冲，脉冲的宽度与按下 QD 按钮的时间相同。正脉冲 QD 启动时序脉冲信号 $T1$、$T2$ 和 $T3$。

2. 复位按钮 CLR。复位按钮 CLR 是用来产生复位脉冲的。按一次复位按钮 CLR，则产生两个脉冲 CLR 和 $CLR\#$。CLR 为正脉冲，$CLR\#$为负脉冲，脉冲的宽度与按下 CLR 按钮的时间相同，一般为几百毫秒。负脉冲 $CLR\#$使 TEC – 6G 模型计算机复位，处于初始状态。

十、开关

TEC – 6G 计算机组成原理实验系统的实验台上设置有以下开关：

1. 数据开关 $SD7 – SD0$。

数据开关 $SD7 – SD0$ 由 8 个双位开关组成。其作用如下：

（1）用于向寄存器中写入数据；

（2）向存储器中写入程序；

（3）设置存储器初始地址。

当开关拨到朝上位置时为 1，拨到向下位置时为 0。

2. 电平开关 $S7 – S0$。电平开关 $S7 – S0$ 由 8 个双位开关组成。其作用是在实验时设置控制信号的电平。每个开关上方都有对应的接插孔，供接线使用。开关拨到朝上位置时为 1，拨到向下位置时为 0。

3. 单微指令开关 DP。单微指令开关 DP 用来控制时序脉冲信号 $T1$、$T2$、$T3$ 的数目。当单微指令开关 DP 朝上时，TEC – 6G 模型计算机处于单微指令运行方式，每按一次 QD 按钮，只产生一组 $T1$、$T2$、$T3$；当单微指令开关 DP 朝下时，TEC – 6G 模型计算机处于连续运行方式，每按一次 QD 按钮，开始连续产生 $T1$、$T2$、$T3$，直到按一次 CLR 按钮或者控制器产生 TJ 信号为止。

4. 操作模式开关 SWC、SWB、SWA。操作模式开关 SWC、SWB、SWA 确定的操作模式如表 6 – 1 所示。

表 6 – 1 　　　　　　　　操作模式开关（*SWA*、*SWB*、*SWC*）功能

SWA	*SWB*	*SWC*	功能
0	0	0	启动程序运行
0	0	1	读寄存器
0	1	0	写存储器
0	1	1	读存储器
1	0	0	加、减实验
1	0	1	与、或实验
1	1	0	数据通路实验

十一、逻辑笔

　　TEC – 6G 计算机组成原理实验系统的配置的逻辑笔用于检测 TEC – 6G 模型计算机中信号的电平或者脉冲的个数。在测试信号的电平时，逻辑笔测试灯亮表示高电平，逻辑笔测试绿灯亮表示低电平，红灯和绿灯都不亮表示高组态。

　　在测试脉冲个数时，首先按一次 Reset 按钮，使两个黄灯 *D1*、*D0* 灭，处于测试初始状态。TEC – 6G 实验台上的逻辑笔最多能够测试 3 个连续脉冲，测试结果如表 6 – 2 所示。

表 6 – 2 　　　　　　　　　　　逻辑笔功能

黄灯 *D1*	黄灯 *D0*	功　　能
0	0	没有脉冲
0	1	1 个脉冲
1	0	2 个脉冲
1	1	3 个脉冲

第三节　　TEC – 6G 模型计算机指令系统

　　TEC – 6G 计算机组成原理实验系统的模型计算机是 8 位机，即字长为 8 位。多数指令是单字指令，少数指令是双字指令。指令使用 4 位操作码，最多可以有 16 条不同指令的编码。

　　实验系统现有加法、减法、逻辑与、逻辑或、传送 1、传送 2、存数、取数、*Z* 条件转移、*C* 条件转移和停机 11 条指令，其他 5 条为备用指令。

　　TEC – 6G 计算机组成原理实验系统的指令系统如表 6 – 3 所示。

表 6 – 3

表 6 – 3   **TEC –6G 模型计算机指令系统**

名 称	助记符	功 能	指令格式		
			IR7 IR6 IR5 IR4	IR3 IR2	IR1 IR0
加法	ADD R0, Rs	R0 ← R0 + Rs	0000	00	Rs
减法	SUB R0, Rs	R0 ← R0 − Rs	0001	00	Rs
逻辑与	AND R0, Rs	R0 ← R0 and Rs	0010	00	Rs
逻辑或	OR R0, Rs	R0 ← R0 or Rs	0011	00	Rs
传送 1	MOVA Rd, R0	Rd ← R0	0100	Rd	00
传送 2	MOVB R0, Rs	R0 ← Rs	1010	00	Rs
取数	LD Rd, imm	Rd ← imm	0101	Rd	× ×
			立即数 imm		
存数	ST R0, addr	R0 → addr	0110	× ×	× ×
			存储器地址 addr		
C 条件转移	JC addr	如果 C = 1，转移到地址 addr	0111	× ×	× ×
			存储器地址 addr		
Z 条件转移	JZ addr	如果 Z = 1，转移到地址 addr	1000	× ×	× ×
			存储器地址 addr		
停机	HALT	暂停 T1、T2、T3	1001	× ×	× ×

注：× ×代表任意值。

TEC –6G 计算机组成原理实验系统指令系统有如下规定：

（1） Rs 代表源寄存器，在实验系统中只能选择寄存器 R1、R2 和 R3，不能选择累加器 R0；

（2） Rd 代表目的寄存器；

（3） 传送 1 指令将累加器 R0 寄存器的内容送到寄存器 R1、R2 或 R3，RO 寄存器内容保持不变；

（4） 传送 2 指令将寄存器 R1、R2 或 R3 的内容送累加器 R0，寄存器 R1、R2 或 R3 的内容保持不变。

第七章

TEC‑6G 模型计算机上的
数字逻辑实验装置

为了扩展实验台的功能，TEC‑6G 计算机组成原理实验系统还提供了可以用于完成数字电路设计性实验的实验装置。这些实验装置主要用于数字电路课程的综合实验，即课程设计实验。实验时所使用的器件为可在线编程芯片 $EPM3128$，它也是硬布线控制器所使用的芯片。

除可在线编程芯片 $EPM3128$ 外，实验系统还配备了数码管及其驱动电路、喇叭和交通灯装置。

第一节　数码管及其驱动电路

TEC‑6G 计算机组成原理实验系统的实验台上有 6 个共阳极数码管。

数码管及其驱动电路图如图 7‑1 所示。

6 个数码管都是共阳极数码管，数码管 $L1$ 采用各 LED 段直接驱动的方式，使用一个 8 线反相驱动器 240（$U54$）驱动。当 $LG1‑D7 \sim LG1‑D0$ 的任一位为 1 时，数码管 $L1$ 中对应的发光二极管点亮。数码管 $L6‑L2$ 各使用了一个 BCD‑七段译码器/驱动器 74LS47 驱动。短路子 $DZ2$ 用于对数码管 $L6‑L1$ 的供电电源 +5V 进行控制。当短路子 $DZ2$ 短接时，数码管正常工作；当短路子 $DZ1$ 断开时，数码管 $L6‑L1$ 不工作。

第二节　喇叭和交通灯

一、喇叭

TEC‑6G 计算机组成原理实验系统的实验台上有 1 个喇叭。

喇叭及其驱动电路图如图 7‑2 所示。

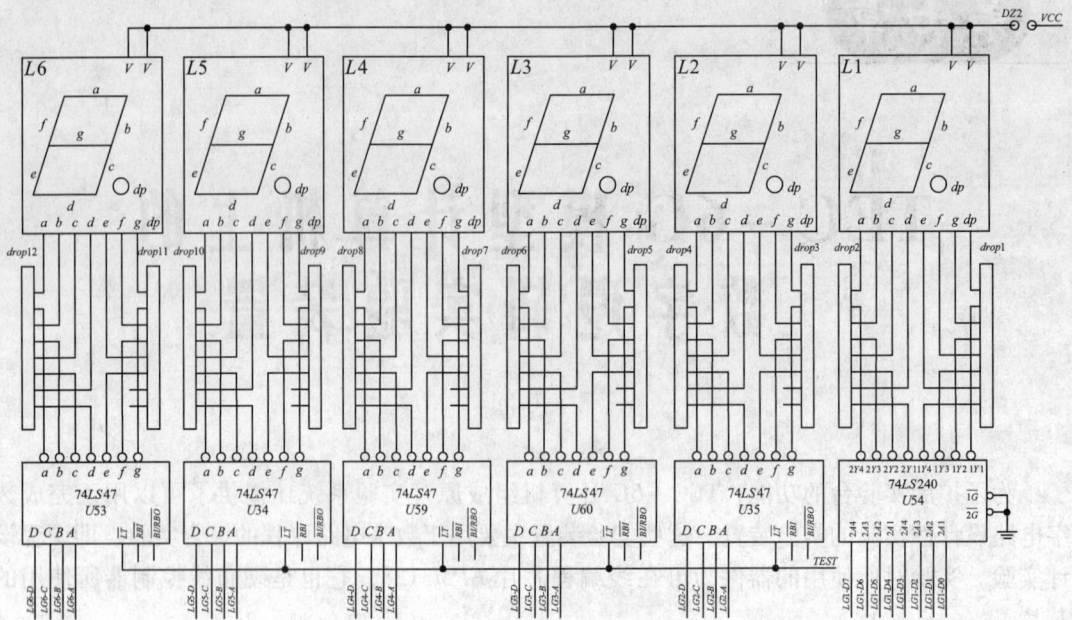

图7-1　数码管及其驱动电路

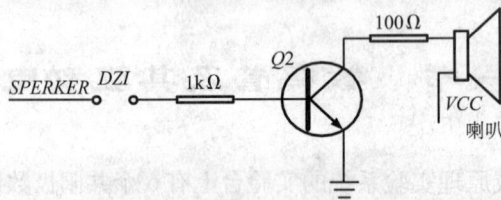

图7-2　喇叭及其驱动电路

短路子用于对喇叭进行控制。当短路子 DZ1 短接时，喇叭根据 SPERKER 信号的频率振动发声；当短路子 DZ1 断开时，SPERKER 信号对喇叭发声不起作用。

二、交通灯

TEC-6G 计算机组成原理实验系统的实验台上有 12 个按东、西、南、北方向排列，颜色分别为红、黄、绿的发光二极管及其驱动电路，用于交通灯实验。

交通灯及其驱动电路图如图 7-3 所示。

当短路子 DZ3 短接时，给发光二极管供电；当短路子 DZ3 断开时，不给发光二极管供电。

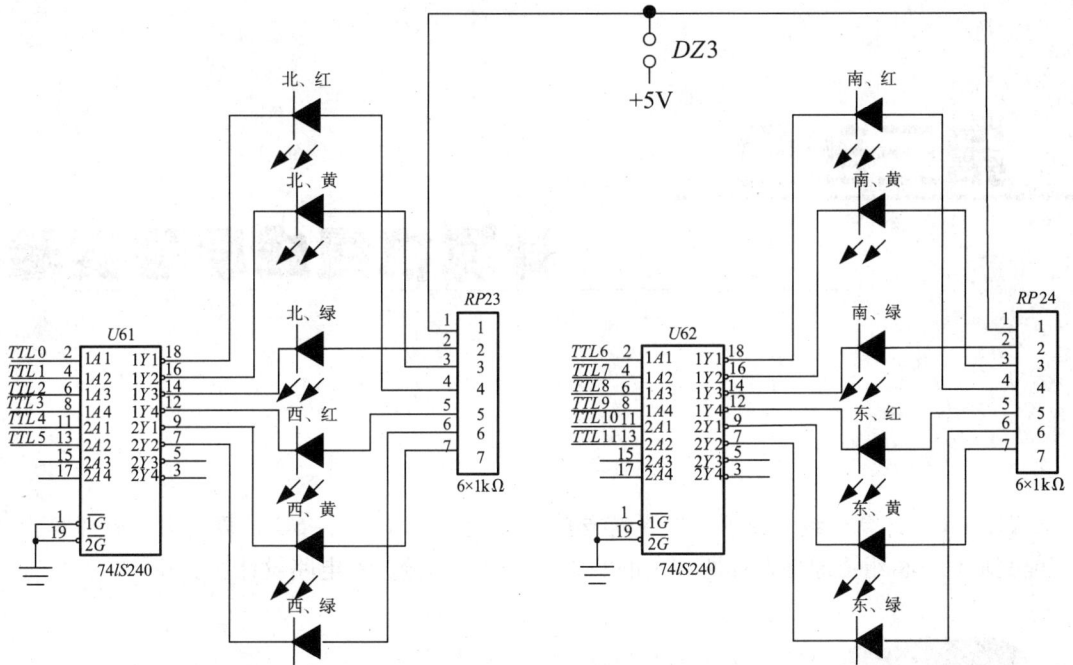

图7-3 交通灯及其驱动电路

第三部分

计算机组成原理实验

TEC－6G 计算机组成原理实验系统支持的实验项目。TEC－6G 计算机组成原理实验系统能完成计算机组成原理课程所涉及的实验项目以及部分数字电路设计性实验。

实验一

运 算 器

一、实验目的

1. 熟悉通用寄存器组的读写操作。
2. 熟悉运算器的数据通路。
3. 验证运算器的加、减、与、或功能。
4. 按给定的数据，完成几种指定的算术、逻辑运算功能。

二、实验原理

（一）基本时序

TEC－6G 计算机组成原理实验系统的运算器实验主要完成加、减运算和与、或逻辑运算。实验通过逐条执行相应的微指令完成。每执行一条微指令需要连续的 3 个时序脉冲，即 $T1$、$T2$ 和 $T3$。这 3 个脉冲是实验系统中模型计算机的基本时序。

$T1$、$T2$ 和 $T3$ 时序关系图如图 3 – 1 – 1 所示。

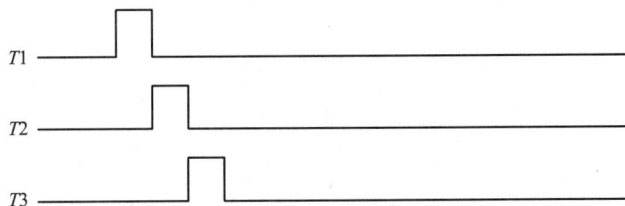

图 3 – 1 – 1　$T1$、$T2$ 和 $T3$ 时序关系

当运算器进行运算时，$T1$、$T2$ 和 $T3$ 功能如下：
（1）在 $T1$ 期间，读取微指令，产生控制运算的信号，并将控制信号保持到 $T3$ 结束；
（2）在 $T2$ 期间，根据控制信号，完成运算功能；
（3）在 $T3$ 的上升沿，保存运算结果。

TEC – 6G 计算机组成原理实验系统的运算器硬件由算数逻辑单元 ALU、寄存器组、总线驱动器、状态标志寄存器、数据开关和总线组成。

（二）ALU 芯片 74LS181

在 TEC – 6G 计算机组成原理实验系统的运算器电路中，用 2 片 4 位算术逻辑运算单元/函数发生器 74LS181 芯片组成 8 位算数逻辑运算单元 ALU。

74LS181 是一种能够进行 4 位算术运算和逻辑运算的通用芯片，其主要电气性能为：加法时间 17ns，功耗 100mw。

74LS181 芯片能进行 16 种算术运算和 16 种逻辑运算。

当工作方式控制端 M 为低电平时，芯片执行算数运算；当工作方式控制端 M 为高电平时，芯片执行逻辑运算。

芯片的运算功能由操作方式选择端 $S3$、$S2$、$S1$ 和 $S0$ 决定。

74LS181 芯片分正逻辑（高电平起作用）芯片和负逻辑（低电平起作用）芯片。TEC – 6G 计算机组成原理实验系统的 ALU 使用的是正逻辑 74LS181 芯片。

74LS181 芯片引脚图如图 3 – 1 – 2 所示。

图 3 – 1 – 2 中，$A3 – A0$、$B3 – B0$ 为数据输入端；$F3 – F0$ 为运算结果输出端；CIn 为进位输入端；$\overline{COn + 4}$ 为进位输出端；F_{A-B} 为比较输出端；F_G 为进位产生输出端；F_P 为进位传输输出端；M 为控制方式端；$S3 – S0$ 为功能选择端。

74LS181 的正逻辑功能表如表 3 – 1 – 1 所示。

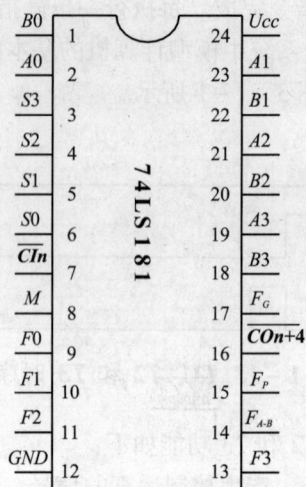

图 3 - 1 - 2　74LS181 芯片引脚图

表 3 - 1 - 1　　　　　　　　　　　74LS181 的正逻辑功能

操作方式选择 S3 S2 S1 S0	M = H 逻辑运算	M = L 算术运算	
		$\overline{Cn} = H$ 无进位	$\overline{Cn} = L$ 有进位
L L L L	$F = \overline{A}$	$F = A$	$F = A$ 加 1
L L L H	$F = \overline{A + B}$	$F = A + B$	$F = A + B$ 加 1
L L H L	$F = \overline{A}B$	$F = A + \overline{B}$	$F = A + \overline{B}$ 加 1
L L H H	$F = $ 逻辑 0	减 1	$F = 0$
L H L L	$F = \overline{AB}$	$F = A$ 加 $A\overline{B}$	$F = A$ 加 $A\overline{B}$ 加 1
L H L H	$F = \overline{B}$	$F = A + B$ 加 $A\overline{B}$	$F = A + B$ 加 $A\overline{B}$ 加 1
L H H L	$F = A \oplus B$	$F = A$ 减 B 减 1	$F = A$ 减 B
L H H H	$F = A\overline{B}$	$F = A\overline{B}$ 减 1	$F = A\overline{B}$
H L L L	$F = \overline{A} + B$	$F = A$ 加 AB	$F = A$ 加 AB 加 1
H L L H	$F = \overline{A \oplus B}$	$F = A$ 加 B	$F = A$ 加 B 加 1
H L H L	$F = B$	$F = A + \overline{B}$ 加 AB	$F = A + \overline{B}$ 加 AB 加 1
H L H H	$F = AB$	$F = AB$ 减 1	$F = AB$
H H L L	$F = $ 逻辑 1	$F = A$ 加 A	$F = A$ 加 A 加 1
H H L H	$F = A + \overline{B}$	$F = A + B$ 加 A	$F = A + B$ 加 A 加 1
H H H L	$F = A + B$	$F = A + \overline{B}$ 加 A	$F = A + \overline{B}$ 加 A 加 1
H H H H	$F = A$	$F = A$ 减 1	$F = A$

（三）算数逻辑运算单元 *ALU*

在 TEC-6G 计算机组成原理实验系统的运算器电路中，用 2 片 4 位函数发生器 74LS181 芯片组成 8 位算数逻辑运算单元 *ALU*，从而完成实验中的算数逻辑运算。在实验台上，2 片 74LS181 芯片的编号为 *U58* 和 *U59*。

运算器实验电路图如图 3-1-3 所示。

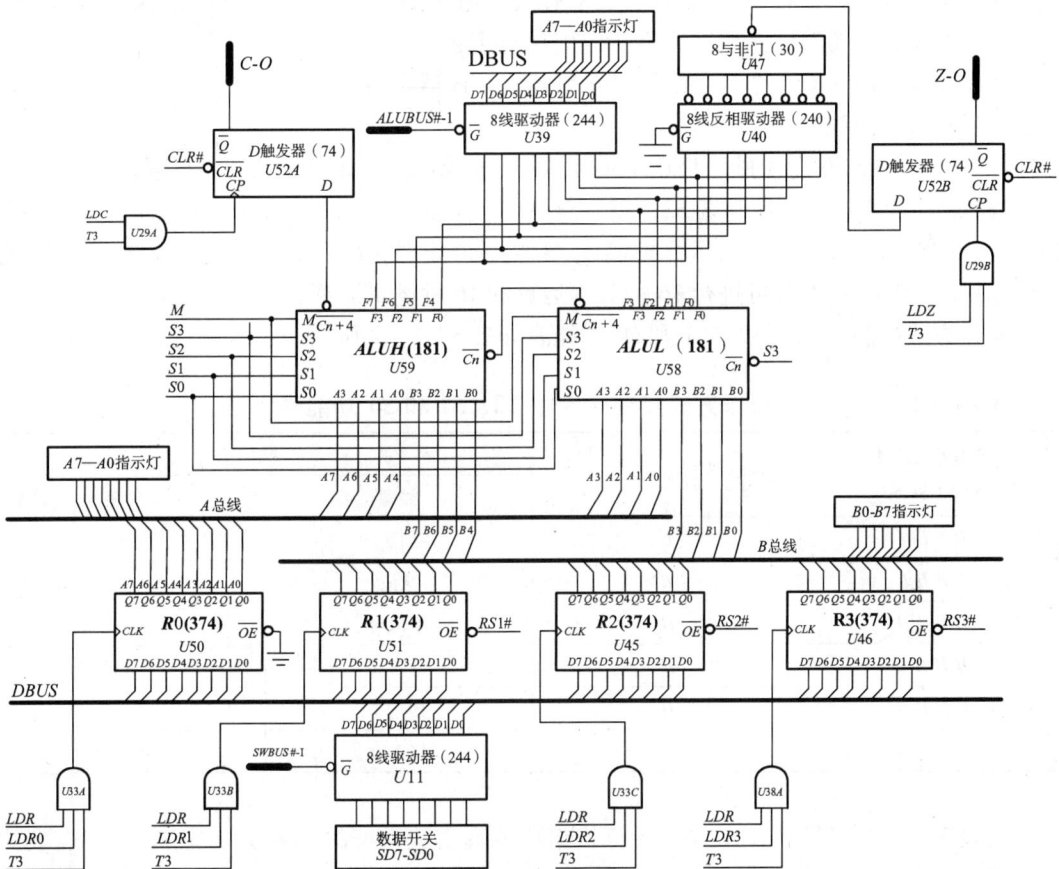

图 3-1-3 运算器实验电路

1. 74LS181 芯片连接。*U58* 和 *U59* 通过级联方式连接组成实验系统运算电路的 8 位 *ALU* 部件。*U58* 进行 *ALU* 的低 4 位算数逻辑运算，*U59* 进行 *ALU* 的高 4 位算数逻辑运算。

所谓级联方式，就是将低 4 位 74LS181 的进位输出引脚 $\overline{Cn+4}$ 与高 4 位 74LS181 的进位输入引脚 $\overline{Cn}$ 连接。

2. *ALU* 与数据总线的连接。在 *ALU* 中，*U58* 的 *A* 端口与 *A* 总线的低 4 位 *A3 - A0* 连接；*U59* 的 *A* 端口与 *A* 总线的高 4 位 *A7 - A4* 连接。

U58 的 *B* 端口与 *B* 总线的低 4 位 *B3 - B0* 连接，*U59* 的 *B* 端口于 *B* 总线的高 4 位 *B7 - B4* 连接。

3. *ALU* 的输出。在 *ALU* 中，*U58* 的输出 *F3 - F0* 构成运算数据结果的低 4 位，*U59* 的输出 *F3 - F0* 构成运算数据结果的高 4 位。

ALU 运算后的数据结果在控制信号 *ALUBUS# - I* 为 0 时，通过 8 线驱动器 74LS244（*U39*）送往数据总线 *DBUS*（*D7 - D0*），同时通过 8 线反相驱动器 *U40* 送到状态标志电路。

8 线驱动器 *U39* 由信号 *ALUBUS# - I* 控制。当 *ALUBUS# - I* 为 0 时，允许运算数据结果送数据总线；当 *ALUBUS# - I* 为 1 时，禁止数据结果送数据总线。

SWBUS# - I 和 *ALUBUS# - I* 是低电平有效的信号，分别由 *SWBUS* 和 *ALUBUS* 反相后生成，因此信号 *ALUBUS* 和 *SWBUS* 是高电平有效。图 3 - 1 - 3 中，用短粗黑线结束的信号表示接插孔结束，实验时注意用连线将相应信号连接起来。

数据总线 *DBUS* 有三个信号来源：运算器、存储器和数据开关，在每一时刻只允许其中一个信号送数据总线。

4. *ALU* 的操作方式选择。TEC - 6G 计算机组成原理实验系统中，*ALU* 的操作方式由 74LS181 芯片的操作方式控制端 *S3*、*S2*、*S1* 和 *S0* 控制。*S3*、*S2*、*S1* 和 *S0* 可以有 16 种不同的编码，芯片通过算数、逻辑运算控制端 *M* 控制，分别完成算数运算和逻辑运算，因此，74LS181 芯片组成的 *ALU* 可进行 16 种算术运算和 16 种逻辑运算。

操作方式控制端 *S3*、*S2*、*S1* 和 *S0* 功能表如表 3 - 1 - 2 所示。

表 3 - 1 - 2　　　　　操作方式控制端 *S3*、*S2*、*S1* 和 *S0* 功能表

操作方式选择 *S3 S2 S1 S0*	*M*	操作	
		类型	功能
H L L H	*L*	加法	*F = A* 加 *B*
L H H L	*L*	减法	*F = A* 减 *B*
H L H H	*H*	逻辑与	*F = A* 与 *B*
H H H L	*H*	逻辑或	*F = A* 或 *B*
H H H H	*H*	传送 1	*F = A*
H L H L	*H*	传送 2	*F = B*

从表 3 - 1 - 2 可见，TEC - 6G 计算机组成原理实验系统的 *ALU* 只能完成加、减、逻辑与、逻辑或和传送 5 种运算。

为了减少微指令的长度，*U58* 的 *Cn* 引脚接 *S3*。

（四）寄存器组

TEC - 6G 计算机组成原理实验系统运算器电路中的寄存器组由 4 片三态反相八 *D* 锁存器 74LS374 芯片组成。4 片 74LS374 芯片分别编号为 *R0*（*U50*）、*R1*（*U51*）、*R2*（*U45*）、*R3*（*U46*）。

1. 寄存器读出操作。*R0* 是累加器，它的输出通过 *A* 总线送运算器的 *A* 端口；*R1*、*R2* 和 *R3* 是通用寄存器，它们的输出通过 *B* 总线送运算器的 *B* 端口。*R0*、*R1*、*R2* 和 *R3* 从数据总线 *DBUS* 接收数据。

$R0$ 的输出 $A7 - A0$ 直接送 A 总线，而 B 总线有 3 个数据来源 $R1$、$R2$ 和 $R3$，因此需要用 3 个控制信号 $RS1\#$、$RS2\#$和 $RS3\#$决定哪一个寄存器的输出送 B 总线。当信号 $RS1\#$、$RS2\#$和 $RS3\#$中的任何一个为 0 时，则将对应的寄存器输出送 B 总线。

2. 寄存器写入操作。2 片 3 输入正与门芯片 74LS11 编号为 $U33A$、$U33B$、$U33C$ 和 $U38A$，组成寄存器写入控制电路，完成对各个寄存器的写入控制功能。

信号 LDR 控制整个寄存器组写操作，而信号 $LDR0$、$LDR1$、$LDR2$ 和 $LDR3$ 控制某个寄存器的写操作。它们对各寄存器控制如下：

① 信号 $LDR0$ 控制累加器 $R0$ 的写入；

② 信号 $LDR1$ 控制寄存器 $R1$ 的写入；

③ 信号 $LDR2$ 控制寄存器 $R2$ 的写入；

④ 信号 $LDR3$ 控制寄存器 $R2$ 的写入。

当 LDR 为 1 时，如果 $LDR0$、$LDR1$、$LDR2$ 和 $LDR3$ 中的其中一个为 1，则在 $T3$ 的上升沿将数据总线 $DBUS$ 上的数据写入对应的寄存器。

（五）总线驱动器

TEC - 6G 计算机组成原理实验系统的运算器电路中有 2 片 8 线驱动器 74LS244 芯片，编号为 $U11$ 和 $U39$；1 片 8 线反相驱动器 74LS240，编号为 $U40$。

在信号 $SWBUS\# - I$ 为 0 时，数据信号 $SD7 - SD0$ 通过 8 线驱动器 $U11$ 送往数据总线 $DBUS$。

ALU 的运算后的数据结果在控制信号 $ALUBUS\# - I$ 为 0 时，通过 8 线驱动器 $U39$ 送往数据总线 $DBUS$（$D7 - D0$），同时通过 8 线反相驱动器 $U40$ 送到状态标志电路。

（六）状态标志寄存器

TEC - 6G 计算机组成原理实验系统的状态标志寄存器电路由 1 片双 D 触发器 74LS74 芯片和 1 片 8 输入正与非门 74LS30 芯片组成，编号为 $U47$。

其中，双 D 触发器 74LS74 芯片编号为 $U52A$、$U52B$；8 输入正与非门 74LS30 芯片编号为 $U47$。

经运算器运算后得到的标志结果有 2 个标志位需要保存，一个是进位标志 $C - O$，一个是结果为 0 标志 $Z - O$。标志结果在 $T3$ 的上升沿保存。

D 触发器 $U52A$ 的输入端 D 与 ALU 的进位输出端 $\overline{Cn + 4}$ 连接，保存运算结果的进位标志 C；74LS181 运算后得到的进位结果是低电平有效，即当 $\overline{Cn + 4}$ 为 0 时，表示向高位产生了进位，因此在 74LS74（$U52A$）中采用 D 触发器的 Q 端表示进位标志，用信号 $C - O$ 表示。在信号 LDC 为 1 时，在 $T3$ 的上升沿将运算产生的进位标志位保存在 $U52A$ 的输出信号 $C - O$ 中。

ALU 的 8 位运算结果经过 8 输入正与非门 74LS30（$U47$），送入 D 触发器 $U52B$，保存运算结果的零标志 Z。

ALU（$U58$、$U59$）对 2 个 8 位数运算后不能直接产生结果为 0 标志。当 8 位数据结果为

00H 时，经过 8 位反相驱动器 74LS240（U40）后变为 0FFH，经过 8 输入正与非门 74LS30（U47）与非后，输出低电平送 74LS74（U52B）D 端，当信号 LDZ 为 1 时，在 T3 的上升沿在 U52B 的 Q 端得到 1。

（七）数据开关

TEC – 6G 计算机组成原理实验系统的数据开关 SD7 – SD0 是 8 个双位开关。用手拨动这些开关，能够生成需要的 SD7—SD0 的值。在信号 SWBUS# – I 为 0 时，SD7 – SD0 通过一个 8 线驱动器 74LS244（U11）送往数据总线 DBUS。在本实验中，使用数据开关 SD7 – SD0 设置寄存器 R0、R1、R2 和 R3 的值。

（八）总线

TEC – 6G 计算机组成原理实验系统的运算器电路中数据总线 DBUS 是双向总线。累加器 R0 通过总线 A 向 ALU 传输数据；寄存器 R1、R2、R3 通过总线 B 向 ALU 传输数据。

三、实验设备和实验内容

1. 实验设备。
（1）TEC – 6G 计算机组成原理实验系统 1 台；
（2）双踪示波器 1 台（非必备）；
（3）直流万用表 1 只；
（4）逻辑笔。
2. 实验内容。
（1）用逻辑笔测试时序信号 T1、T2、T3。
（2）对下列数据进行加、减运算。
① $A = 0F0H$, $B = 10H$
② $A = 10H$, $B = 0F0H$
③ $A = 03H$, $B = 05H$
④ $A = 0AH$, $B = 0AH$
（3）对下列数据进行与、或运算。
① $A = 0FFH$, $B = 0AAH$
② $A = 55H$, $B = 0AAH$
③ $A = 0C5H$, $B = 61H$
（4）在实验过程中，记录每一步中有关信号的值和观测到的现象，并对记录下来的信号的作用予以解释。

四、实验步骤

1. 实验准备。

（1）信号连接。将 TEC-6G 计算机组成原理实验系统实验台上的下列信号连接，以便控制信号能够对寄存器组和运算器进行控制。

信号 *SWBUS#-O* 和信号 *SWBUS#-I* 连接。

信号 *ALUBUS#-O* 和信号 *ALUBUS#-I* 连接。

信号 *RAMBUS#-O* 和信号 *RAMBUS#-I* 连接。

（2）控制器转换开关设置。将控制器转换开关设置为微程序状态，使用微程序控制器产生的控制信号对寄存器组和运算器进行控制。

（3）打开电源。TEC-6G 计算机组成原理实验系统中，信号指示灯亮代表对应信号为 1，信号指示灯灭代表对应信号为 0。

由于打开电源后，实验台上所有信号灯非 0，则 1。因此实验时要对照图 3-1-3 确定哪些信号是对操作有效的信号，并观察、记录看每一步骤相应信号的值。

（4）基本时序信号测试。TEC-6G 计算机组成原理实验系统的实验开始之前，应先检测基本时序信号 $T1$、$T2$、$T3$ 是否正常。使用逻辑笔可以完成 $T1$、$T2$、$T3$ 信号的测试。测试方法如下：

a. 将逻辑笔的一端插入 TEC-6G 计算机组成原理实验系统实验台上"逻辑笔"上面的插孔中，另一端插入"$T1$"上方的插孔中。

b. 将单微指令开关 *DP* 拨到向上位置，使 *TEC-6G* 模型计算机处于单微指令运行方式。

c. 按复位按钮 *CLR*，使时序信号发生器复位。

d. 按逻辑笔框内的 Reset 按钮，使逻辑笔上的脉冲计数器复位，2 个黄灯 $D1$、$D0$ 均灭。

e. 按一次启动按钮 *QD*，这时指示灯 $D1D0$ 的状态应为 $01B$，指示产生了一个 $T1$ 脉冲；如果再按一次 *QD* 按钮，则指示灯 $D1$、$D0$ 的状态应当为 $10B$，表示又产生了一个 $T1$ 脉冲；继续按 *QD* 按钮，可以看到在单周期运行方式下，每按一次 *QD* 按钮，就产生一个 $T1$ 脉冲。

f. 用同样的方法测试 $T2$、$T3$。

2. 运算器加、减运算实验。加法、减法实验的步骤如下：

（1）操作模式设置。*TEC-6G* 计算机组成原理实验系统通过对操作模式开关 *SWC*、*SWB*、*SWA* 进行设置完成各种不同的实验操作。操作模式开关 *SWC*、*SWB*、*SWA* 的操作模式如表 3-1-3 所示。

表 3-1-3　　　　　　　　　　**操作模式开关功能**

SWA	SWB	SWC	功　　能
0	0	0	启动程序运行
0	0	1	读寄存器
0	1	0	写存储器

SWA	SWB	SWC	功　能
0	1	1	读存储器
1	0	0	加、减实验
1	0	1	与、或实验
1	1	0	数据通路实验

根据表 3 - 1 - 3 进行操作模式开关设置步骤如下：

a. 按一次复位按钮 *CLR*，微地址指示灯 $\mu A5 - \mu A0$ 显示 20*H*。

b. 将操作模式开关设置为 *SWC* = 1、*SWB* = 0、*SWA* = 0，准备进入加法、减法实验。

c. 按一次 *QD* 按钮，产生一组时序信号 *T*1、*T*2、*T*3，进入下一步。

（2）设置操作数 *A*。微程序地址指示灯 $\mu A5 - \mu A0$ 显示 22*H*。

信号 *LR* 为 1，表示将进行寄存器写操作。在图 3 - 1 - 3 中，当 *LDR* 为 1 时，信号 *LDR*0、*LDR*1、*LDR*2 和 *LDR*3 分别为累加器 *R*0、寄存器 *R*1、*R*2 和 *R*3 写入控制信号，当 *T*3 脉冲上升沿到来时，向某一个寄存器写入。

TEC - 6G 计算机组成原理实验系统的实验台电路上，信号 *LR* 就是图 3 - 1 - 3 中的信号 *LDR*。而信号 *LDR*0、*LDR*1、*LDR*2 和 *LDR*3 由实验台上的信号 *SEL*3 和 *SEL*2 编码得到。

信号 *SEL*3 和 *SEL*2 与信号 *LDR*0、*LDR*1、*LDR*2 和 *LDR*3 的对应关系如表 3 - 1 - 4 所示。

表 3 - 1 - 4　　　　　　信号 *SEL* 与 *LDR* 的对应关系

SEL3	SEL2	对应信号的值	对应寄存器
0	0	LDR0 = 1	R0
0	1	LDR1 = 1	R1
1	0	LDR2 = 1	R2
1	1	LDR3 = 1	R3

由上面的对应关系可得，信号指示灯 *SEL*3 为 0、*SEL*2 为 0 表示数据总线 *DBUS* 上的 8 位数据被写入的累加器为 *R*0。

设置操作数 *A* 步骤如下：

a. 数据开关置操作数 *A*。使用数据开关 *SD*7 - *SD*0 设置操作数 *A*。

b. 检查所设置的操作数 *A*。设置完成后，数据总线 *DBUS* 的指示灯 *D*7 - *D*0 将显示所设置的操作数 *A*，据此可以检验操作数 *A* 设置的是否正确，若发现错误，可以及时改正。

c. *A* 操作数写入累加器 *R*0。确定设置的操作数数据正确之后，按一次 *QD* 按钮，将 *SD*7 - *SD*0 所设置的操作数 *A* 写入 *R*0，进入下一步。

（3）设置操作数 *B*。微程序地址指示灯 $\mu A5 - \mu A0$ 显示 21*H*。

由于此时操作数 *A* 应经被写入 *R*0，所以在 *A* 总线指示灯上可以观察到操作数 *A* 的值。

此时，信号 *LR* 为 1，表示仍将进行寄存器写入操作。信号指示灯 *SEL*3 为 0，*SEL*2 为

1，表示操作数将被写入到寄存器 $R1$。

设置操作数 B 步骤如下：

a. 数据开关置操作数 B。使用数据开关 $SD7 - SD0$ 设置操作数 B。

b. 检查所设置的操作数 B。设置完成后，数据总线 $DBUS$ 的指示灯 $D7 - D0$ 将显示所设置的操作数 B，据此可以检验操作数 B 设置的是否正确，若发现错误，可以及时改正。

c. B 操作数写入累加器 $R1$。确定设置的操作数数据正确之后，按一次 QD 按钮，将 $SD7 - SD0$ 所设置的操作数 A 写入 $R0$，进入下一步。

（4）加法运算。微地址指示灯 $\mu A5 - \mu A0$ 显示 24H。

由图 3 – 1 – 3 可见，$R0$ 的输出 $A7 - A0$ 直接送 A 总线，而 B 总线有 3 个数据来源 $R1$、$R2$ 和 $R3$，因此需要用 3 个控制信号 $RS1\#$、$RS2\#$ 和 $RS3\#$ 决定哪一个寄存器的输出送 B 总线。当信号 $RS1\#$、$RS2\#$ 和 $RS3\#$ 中的任何一个为 0 时，则将对应的寄存器输出送 B 总线。

TEC – 6G 计算机组成原理实验系统的实验台电路上，信号 $RS1\#$、$RS2\#$ 和 $RS3\#$ 由实验台上的信号 $SEL1$ 和 $SEL0$ 编码得到。

信号 $SEL1$ 和 $SEL0$ 与信号 $RS1\#$、$RS2\#$ 和 $RS3\#$ 的对应关系如表 3 – 1 – 5 所示。

表 3 – 1 – 5　　　　　　　　信号 $SEL\ RS\#$的对应关系

$SEL1$	$SEL0$	对应信号的值	送 B 总线的寄存器
0	0	无	无
0	1	$RS1\# = 0$	$R1$
1	0	$RS2\# = 0$	$R2$
1	1	$RS3\# = 0$	$R3$

从以上对应关系可得，当信号 $SEL1 = 0$、$SEL0 = 1$ 时，寄存器 $R1$ 中的操作数 B 将被送到 B 总线。

实验台电路的 ALU 进行算数运算，还是逻辑运算是通过信号 M 选择的。当 $M = 0$ 时，表示 ALU 将进行算数运算。

ALU 的操作方式由信号 $S3$、$S2$、$S1$ 和 $S0 = 1$ 选择。具体操作选择方式如表 3 – 1 – 5 所示。

当实验台上信号 $M = 0$、$S3 = 1$、$S2 = 0$、$S1 = 0$、$S0 = 1$ 时，表示 ALU 将进行两操作数的加法运算。$ALUBUS = 1$，表示将运算数据结果送数据总线 $DBUS$。信号 $LDC = 1$，表示将运算后得到的进位 C 保存；信号 $LDZ = 1$，表示将运算后得到的结果为 0 标志保存。

这时 A 总线指示灯 $A7 - A0$ 显示被加数 A，B 总线指示灯显示加数 B，数据总线 $DBUS$ 指示灯 $D7 - D0$ 显示运算结果，即 $A + B$ 的和。

按一次 QD 按钮，进入下一步。

（5）减法运算。微地址指示灯显示 26H。

指示灯 C 亮，表示加法运算最高位产生进位，因此 C 标志为 1；

指示灯 Z 亮，表示加法运算完成时 ALU 的 8 位输出为 0，因此 Z 标志为 1。

信号 $SEL1 = 0$、$SEL0 = 1$，表示将 $R1$ 中的操作数送 B 总线。

信号 $M=0$、$S3=0$、$S2=1$、$S1=1$、$S0=0$，指示进行减法运算。

$ALUBUS=1$，表示将运算后的结果送数据总线 $DBUS$。

信号 $LDC=1$，表示将运算后得到的进位 C 保存；

信号 $LDZ=1$，表示将运算后得到的结果为 0 标志保存。

这时 A 总线指示灯 $A7-A0$ 显示被减数 A；B 总线指示灯显示减数 B，数据总线 $DBUS$ 指示灯 $D7-D0$ 显示运算结果 $A-B$ 的差。

按一次 QD 按钮，进入下一步。

（6）标志位显示。微地址指示灯 $\mu A5 - \mu A0$ 显示 20H。

指示灯 C 亮，表示减法运算的最高位产生借位，因此 C 标志为 1；

指示灯 Z 亮，表示减法运算完成时 ALU 的 8 位输出为 0，因此 Z 标志为 1。

在减法运算中，采用的是补码运算方式，将减数 B 求反后加 1，与被减数 A 做相加运算。

微地址为 20H，因此按（1）的步骤（不需要按复位按钮）继续进行第 2 组数据的加、减运算。

3. 运算器与、或运算实验

（1）操作模式设置。按一次复位按钮 CLR，微地址指示灯 $\mu A5 - \mu A0$ 显示 20H。

将操作模式开关设置为 $SWC=1$、$SWB=0$、$SWA=1$，准备进行运算器与、或运算实验。按一次 QD 按钮，进入下一步。

（2）设置操作数 A。微程序地址指示灯 $\mu A5 - \mu A0$ 显示 22H。

信号 LR 为 1，表示将进行寄存器写操作。

信号 $SEL3=0$、$SEL2=0$ 指示操作数 A 将被写入的寄存器为 $R0$。

设置操作数 A 步骤如下：

a. 数据开关置操作数 A。使用数据开关 $SD7-SD0$ 设置操作数 A。

b. 检查所设置的操作数 A。设置完成后，数据总线 $DBUS$ 的指示灯 $D7-D0$ 将显示所设置的操作数 A，据此可以检验操作数 A 设置的是否正确，若发现错误，可以及时改正。

c. A 操作数写入累加器 $R0$。确定设置的操作数数据正确之后，按一次 QD 按钮，将 $SD7-SD0$ 所设置的操作数 A 写入 $R0$，进入下一步。

（3）设置操作数 B。微程序地址指示灯 $\mu A5 - \mu A0$ 显示 23H。

由于此时操作数 A 应经被写入 $R0$，所以在 A 总线指示灯上可以观察到操作数 A 的值。

此时，信号 LR 为 1，表示仍将进行寄存器写入操作。信号指示灯 $SEL3$ 为 0，$SEL2$ 为 1，表示操作数将被写入到寄存器 $R1$。

设置操作数 B 步骤如下：

a. 数据开关置操作数 B。使用数据开关 $SD7-SD0$ 设置操作数 B。

b. 检查所设置的操作数 B。设置完成后，数据总线 $DBUS$ 的指示灯 $D7-D0$ 将显示所设置的操作数 B，据此可以检验操作数 B 设置的是否正确，若发现错误，可以及时改正。

c. B 操作数写入累加器 $R1$。确定设置的操作数数据正确之后，按一次 QD 按钮，将 $SD7-SD0$ 所设置的操作数 A 写入 $R0$，进入下一步。

（4）与运算。微地址指示灯 $\mu A5 - \mu A0$ 显示 28H。

信号 $SEL1=0$、$SEL0=1$，表示将寄存器 $R1$ 中的操作数 B 送 B 总线。

信号 $M=1$，表示 ALU 进行逻辑运算；

$S3=1$、$S2=0$、$S1=1$、$S0=1$，表示运算器进行与运算。

$ALUBUS=1$，表示将 ALU 运算后的结果送数据总线 $DBUS$。

信号 $LDZ=1$，表示将运算后得到的结果为 0 标志保存。

A 总线指示灯 $A7-A0$ 显示操作数 A；B 总线指示灯数显示数 B。

数据总线 $DBUS$ 指示灯 $D7-D0$ 显示 A and B 运算的结果。

按一次 QD 按钮，进入下一步。

（5）或运算。微地址指示灯 $\mu A5-\mu A0$ 显示 $29H$。

指示灯 Z 亮显示与运算得到的结果为 0。

信号 $M=1$、$S3=1$、$S2=1$、$S1=1$、$S0=0$，表示进行或运算。

信号 $SEL1=0$、$SEL0=1$，表示将寄存器 $R1$ 中的操作数 B 送 B 总线。

$ALUBUS=1$，表示将或运算结果送数据总线 $DBUS$。

信号 $LDZ=1$，表示将运算后得到的结果为 0 标志保存。

A 总线指示灯 $A7-A0$ 显示操作数 A；B 总线指示灯显示操作数 B。

数据总线 $DBUS$ 指示灯 $D7-D0$ 显示 A or B 运算的结果。

按一次 QD 按钮，进入下一步。

（6）标志位显示。微地址指示灯 $\mu A5-\mu A0$ 显示 $20H$。

指示灯 Z 亮，表示或运算完成时 ALU 的 8 位输出为 0，因此 Z 标志为 1。

微地址为 $20H$，因此按（1）的步骤（不需要按复位按钮）继续进行第 2 组数据的与、或运算。

五、实验要求

1. 实验准备要求。按要求准备实验，并填写表 3－1－6 实验准备观察、记录和分析表。
2. 实验过程要求。记录实验中每一步骤中信号的变化，填写表 3－1－7 实验步骤观察、记录和分析表。并解释表中各信号在每一步中的作用。

表 3－1－6　　　　　　　　　　实验准备观察、记录和分析

信号连线	硬布线指示灯	电源指示灯
时序信号 $T1$ 测试	$D1$ $D0$	意义
按下 Reset 按钮		
按下 DQ 按钮 1 次		
按下 DQ 按钮 2 次		
按下 DQ 按钮 3 次		
时序信号 $T2$ 测试	$D1$ $D0$	意义
按下 Reset 按钮		
按下 DQ 按钮 1 次		

信号连线	硬布线指示灯	电源指示灯
按下 *DQ* 按钮 2 次		
按下 *DQ* 按钮 3 次		
时序信号 *T*3 测试	*D*1 *D*0	意义
按下 Reset 按钮		
按下 *DQ* 按钮 1 次		
按下 *DQ* 按钮 2 次		
按下 *DQ* 按钮 3 次		

表 3 – 1 – 7   **实验步骤观察、记录和分析**

信号	*M*	*SWBUS*	*ALUBUS*	*S*3	*S*2	*S*1	*S*0
记录							
是否有效							
功能							
信号	*SEL*3	*SEL*2	*SEL*1	*SEL*0	*LR*	*LDZ*	*LDC*
记录							
是否有效							
功能							
指示灯	$\mu A5 - \mu A0$	*D*7 – *D*0	*A*7 – *A*0	*B*7 – *B*0	*C*	*Z*	
记录							
是否有效							
功能							
开关	*SD*7 – *SD*0	*SWC*	*SWB*	*SWC*			
记录							
是否有效							
功能							

3. 结合图 3 – 1 – 3 运算器实验电路图，试说明在 TEC – 6G 计算机组成原理实验系统中运算器是如何实现运算功能的。

4. 实验报告要求。整理实验原始数据、分析实验结果、完成实验报告。

思考题

为什么在 *A* 总线上出现数据 *A*、在 *B* 总线上出现数据 *B* 后，在数据总线 *DBUS* 上能够直接观测运算的数据结果，而标志结果却在下一步才能观测到？

实验二

存 储 器

一、实验目的

1. 了解静态随机读写存储器 *HM*6116 的基本工作特性及使用方法。
2. 了解半导体存储器 *SRAM* 的读写原理。

二、实验原理

(一) 存储器芯片 *HM*6116

在 TEC – 6G 计算机组成原理实验系统中, 存储器用 1 片高速静态 *CMOS* 随机存取存储器芯片 *HM*6116 实现。在实验台上存储器芯片 *HM*6116 的编号为 *U*55。

1. 存储器芯片 *HM*6116 的基本特征。

*HM*6116 芯片的基本特征如下:

(1) 高速度。存取时间为 100ns/120ns/150ns/200ns (分别以 6116 – 10、6116 – 12、6116 – 15、6116 – 20 为标志)。

(2) 低功耗。运行时间为 150mW, 空载时为 mW。

(3) 电气兼容性强。与 *TTL* 兼容。

(4) 管脚兼容性强。管脚收出与标准的 2k × 88bits 的芯片兼容 (例如, 2716 芯片兼容)。

(5) 完全静态。无须时钟脉冲与定时选通脉冲。

(6) 引脚功能齐全。*HM*6116 有 11 条地址线、8 条数据线、1 条电源线 U_{cc}、1 条接地线 *GND* 和 3 条控制线, 即片选信号 $\overline{CS}$、写允许信号 $\overline{WE}$ 和输出允许信号 $\overline{OE}$。

静态随机读写存储器芯片有许多型号, 分为同步和异步两大类。*HM*6116 是一种比较常用的异步静态随机读写存储器芯片。其存储容量为 2k × 8bits。

2. 存储器芯片 HM6116 引脚图。存储器芯片 HM6116 引脚图如图 3-2-1 所示。

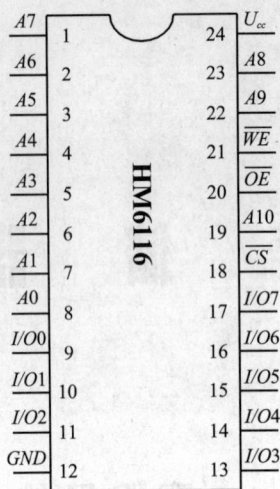

图 3-2-1 存储器芯片 HM6116 引脚图

图 3-2-1 中，$A10-A0$ 是存储器地址总线，$I/O_7-I/O_0$ 是双向数据总线，从存储器读出的数据或者写入存储器的数据通过 $I/O_7-I/O_0$ 完成。$\overline{CS}$ 是片选信号；$\overline{WE}$ 是写信号；$\overline{OE}$ 是读信号。

3. 存储器芯片 HM6116 读、写操作。

只有当片选信号 $\overline{CS}$ 为 0 时，才能对存储器进行读、写操作。

（1）读操作。当片选信号 $\overline{CS}$ 为 0 时，读信号 $\overline{OE}$ 为 0，表示将地址总线 $A10-A0$ 指定的存储单元中的数据读出到数据总线 $I/O_7-I/O_0$ 上。

存储器芯片 HM6116 读操作时序图如图 3-2-2 所示。

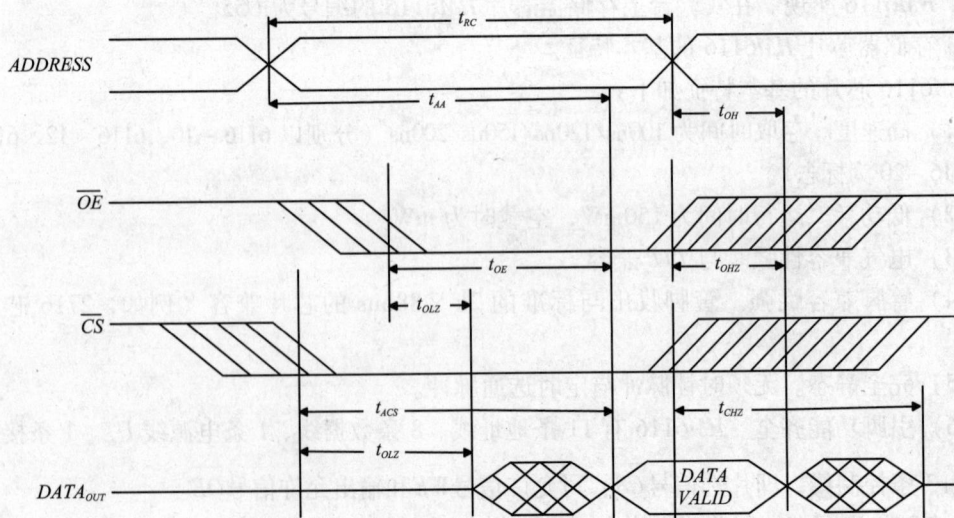

图 3-2-2 存储器芯片 HM6116 读操作时序

（2）写操作。当片选信号 $\overline{CS}$ 为 0 时，写操作信号 $\overline{WE}$ 为 0，表示将数据总线 $I/O_7 - I/O_0$ 上的数据写入到由地址总线 $A10 - A0$ 指定的存储单元中。

存储器芯片 HM6116 写操作时序图如图 3 - 2 - 3 所示。

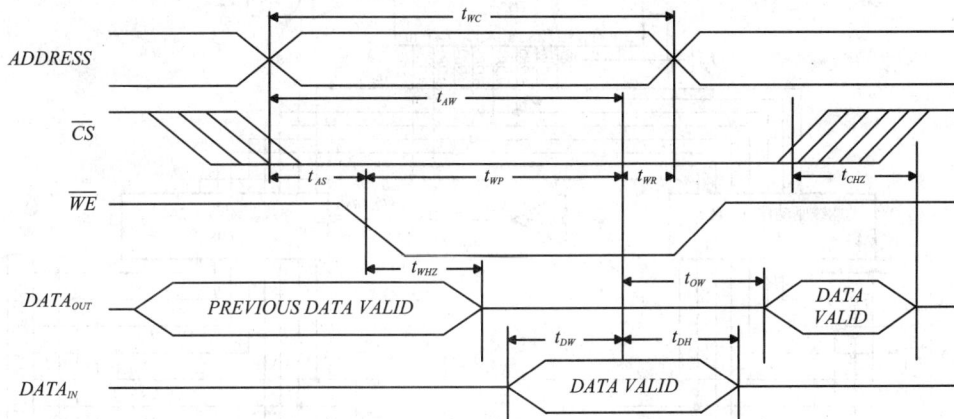

图 3 - 2 - 3　存储器芯片 HM6116 写操作时序

（二）存储器实验电路

TEC - 6G 计算机组成原理实验系统中的模型计算机使用了 8 位存储器地址 $ADR7 - ADR0$，即可以寻址 256 字节。

1. 存储器芯片地址线分配。实验系统中存储器芯片地址线分配如下：

地址引脚 $A10 - A8$ 直接接地；

地址引脚 $A7 - A0$ 为存储器地址，表示为：$ADR7 - ADR0$。

2. 存储器的读写操作。实验系统中存储器的读写操作如下：

当信号 $RAMBUS\# - I$ 为 0 时，将地址 $ADR7 - ADR0$ 指定的存储器单元的内容读出到数据总线 $DBUS$ 上。

当信号 $RAMBUS\# - I$ 和信号 LRW 同时为 1 时，则在 $T2$ 周期将数据总线 $DBUS$ 上的数据或者指令写入到由 $ADR7 - ADR0$ 指定的存储器单元。

存储器实验电路图如图 3 - 2 - 4 所示。

3. 存储器地址来源。

TEC - 6G 计算机组成原理实验系统中 8 位存储器地址 $ADR7 - ADR0$ 的来源如下：

（1）程序计数器；

（2）地址寄存器。

当信号 $SELAR$ 为 0 时，程序计数器的 $PC7 - PC0$ 通过一个 74LS244（$U49$）送地址总线 $ADR7 - ADR0$；当信号 $SELAR$ 为 1 时，地址寄存器的 $AR7 - AR0$ 通过一个 74LS244（$U48$）送地址总线 $ADR7 - ADR0$。

4. 程序计数器 PC。TEC - 6G 计算机组成原理实验系统中程序计数器 PC 由 2 片可预制

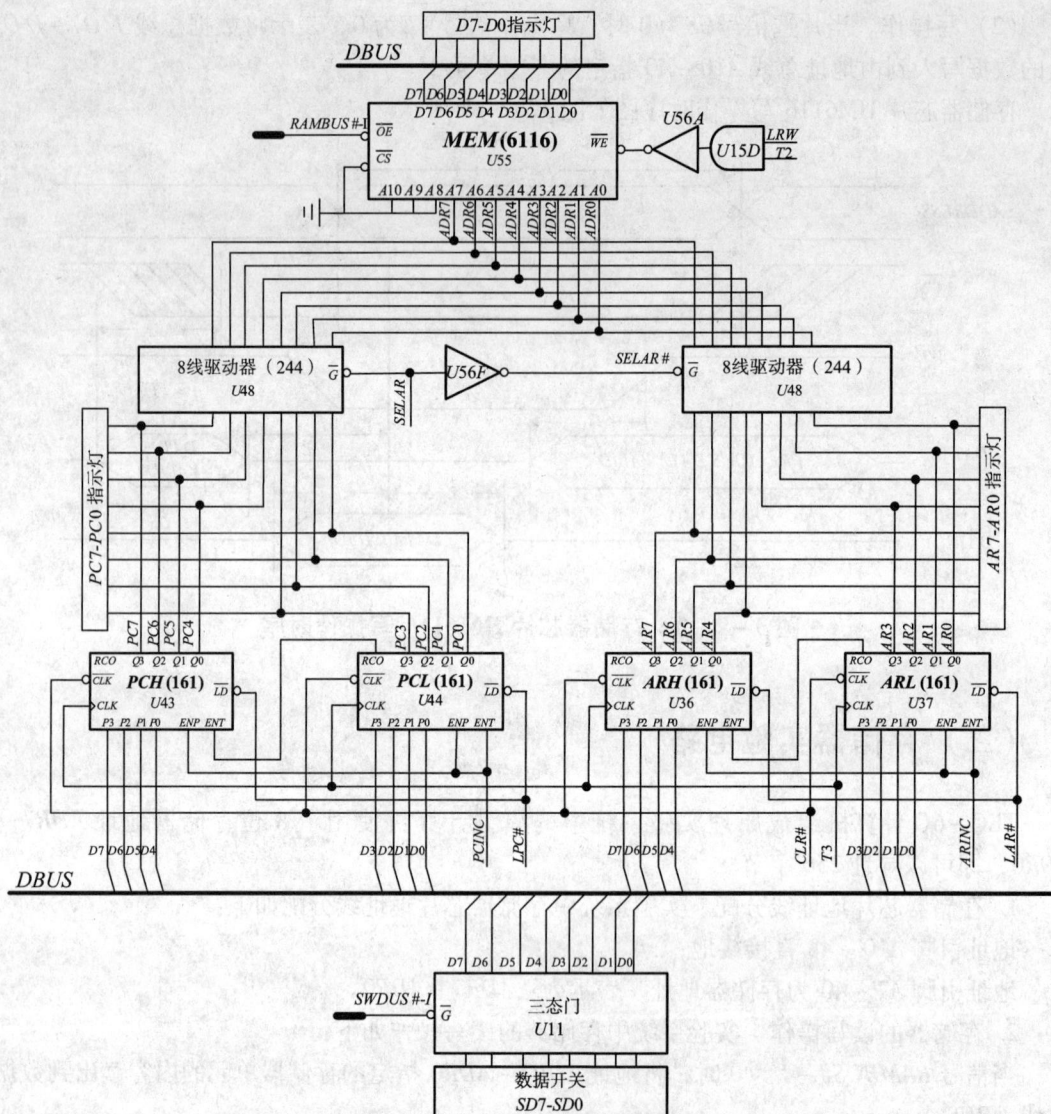

图 3 – 2 – 4　存储器实验电路

四位二进制异步清除计数器 $74LS161$ 芯片构成。在实验台上，作为程序计数器 PC 的 2 片二进制计数器芯片 $74LS161$ 编号为 $U43$ 和 $U44$。

$74LS161$ 是一个 4 位同步二进制计数器，$U43$ 和 $U44$ 级联在一起构成 8 位同步二进制计数器，即程序计数器 PC。$U43$ 是高 4 位，$U44$ 是低 4 位。

程序计数器 PC 功能如下：

（1）当信号 $LPC\#$ 为 0 时，在 $T3$ 的上升沿将数据总线 $DBUS$ 上的数据写入 $U43$ 和 $U44$，作为程序的起始地址；

（2）当信号 $PCINC$ 为 1 时，在 $T3$ 的上升沿程序计数器的值加 1；

（3）当复位信号 $CLR\#$ 为 0 时，在 $T3$ 的下降沿，程序计数器被复位到 0。

5. 地址寄存器 AR。TEC – 6G 计算机组成原理实验系统中地址寄存器 AR 也由 2 片

74LS161 构成。在实验台上，作为地址寄存器 AR 的 2 片二进制计数器芯片 74LS161 编号为 U36 和 U37。

U36 和 U37 级联在一起构成 8 位同步二进制计数器，即地址寄存器 AR。U36 是高 4 位，U37 是低 4 位。

地址寄存器 AR 功能如下：

（1）当信号 LAR# 为 0 时，在 T3 的上升沿将数据总线 DBUS 上的数据写入 U36 和 U37，作为存储器地址；

（2）当信号 ARINC 为 1 时，在 T3 的上升沿地址寄存器的值加 1；

（3）当复位信号 CLR# 为 0 时，在 T3 的下降沿，地址寄存器被复位到 0。

6. 数据开关 SD7 – SD0。数据开关 SD7 – SD0 用于设置存储器地址寄存器 AR 的值和写入存储器的数据。

当信号 SWBUS# – I 为 0 时，数据开关 SD7 – SD0 的值送往数据总线 DBUS。

信号 SWBUS# – I、RAMBUS# – I、LAR# 和 LPC# 都是低电平有效的信号，分别由信号 SW-BUS、RAMBUS、LAR 和 LPC 经过反相后生成。

三、实验设备和实验内容

1. 实验设备。

（1）TEC – 6G 计算机组成实验系统 1 台。

（2）双踪示波器 1 台（非必备）。

（3）直流万用表 1 只。

2. 实验内容。

（1）将下列 10 个数写入从地址 23H 开始的 10 个存储器单元：10H，11H，12H，13H，14H，2AH，2BH，25H，0FH，08H。

（2）从地址 23H 开始的存储器单元连续读出 10 个数，并将读出的数和写入的数比较，看是否一致。

（3）观察并记录在存储器读、写的过程中的有关信号的值，并且解释这些信号的作用。

四、实验步骤

1. 实验准备。

（1）信号连接。将 TEC – 6G 计算机组成原理实验系统实验台上的下列信号连接，以便控制信号能够对存储器实验电路进行控制。

信号 SWBUS# – O 和信号 SWBUS# – I 连接。

信号 ALUBUS# – O 和信号 ALUBUS# – I 连接。

信号 RAMBUS# – O 和信号 RAMBUS# – I 连接。

（2）控制器转换开关设置。将控制器转换开关设置为微程序状态，使用微程序控制器产生的控制信号对存储器实验电路进行控制。

（3）打开电源。TEC－6G 计算机组成原理实验系统中，信号指示灯亮代表对应信号为 1，信号指示灯灭代表对应信号为 0。

由于打开电源后，实验台上所有信号灯非 0，则 1。因此实验时要对照图 3－2－4 确定哪些信号是对操作有效的信号，并观察、记录看每一步骤相应信号的值。

（4）基本时序信号测试。TEC－6G 计算机组成原理实验系统的实验开始之前，应先检测基本时序信号 $T1$、$T2$、$T3$ 是否正常。使用逻辑笔可以完成 $T1$、$T2$、$T3$ 信号的测试。测试方法如下：

a. 将逻辑笔的一端插入 TEC－6G 计算机组成原理实验系统实验台上"逻辑笔"上面的插孔中，另一端插入"$T1$"上方的插孔中。

b. 将单微指令开关 DP 拨到向上位置，使 TEC－6G 模型计算机处于单微指令运行方式。

c. 按复位按钮 CLR，使时序信号发生器复位。

d. 按逻辑笔框内的 Reset 按钮，使逻辑笔上的脉冲计数器复位，2 个黄灯 $D1$、$D0$ 均灭。

e. 按一次启动按钮 QD，这时指示灯 $D1D0$ 的状态应为 $01B$，指示产生了一个 $T1$ 脉冲；如果再按一次 QD 按钮，则指示灯 $D1$、$D0$ 的状态应当为 $10B$，表示又产生了一个 $T1$ 脉冲；继续按 QD 按钮，可以看到在单周期运行方式下，每按一次 QD 按钮，就产生一个 $T1$ 脉冲。

f. 用同样的方法测试 $T2$、$T3$。

2. 存储器写入操作。从地址 $23H$ 开始的 10 个连续存储器单元写入 10 个数据。

（1）写操作模式设置。按一次复位按钮 CLR，微地址指示灯 $\mu A5 - \mu A0$ 显示 $00H$。

将操作模式开关设置为 $SWC = 0$、$SWB = 1$、$SWA = 0$，即设置为写存储器模式。准备进入写存储器操作。

按一次 QD 按钮，进入下一步。

（2）设置存储器地址。微程序地址指示灯 $\mu A5 - \mu A0$ 显示 $05H$。

在数据开关 $SD7 - SD0$ 上设置好存储器地址。

信号 $SWBUS = 1$，表示数据开关 $SD7 - SD0$ 上的存储器地址送数据总线 $DBUS$；

信号 $LAR = 1$，表示数据总线 $DBUS$ 上的存储器地址将在 $T3$ 的上升沿送入地址寄存器 AR。

按一次 QD 按钮，产生一组 $T1$、$T2$、$T3$ 时序脉冲，在 $T3$ 的上升沿将存储器地址写入地址寄存器 AR。进入下一步。

3. 第一个数据写入存储器操作。微程序地址指示灯 $\mu A5 - \mu A0$ 显示 $08H$。

地址寄存器指示灯 $AR7 - AR0$ 显示被写式的存储器单元地址。

使用数据开关 $SD7 - SD0$ 设置第一个被写入的数据。

信号 $SWBUS = 1$，表示将数据开关 $SD7 - SD0$ 上的数送数据总线 $DBUS$；

$SELAR = 1$，表示选中地址寄存器 AR 作为存储器地址；

信号 $LRW = 1$、$RAMBUS = 0$ 表示在时序脉冲 $T2$ 为高电平期间将数据总线 $DBUS$ 上的数据写入 $ADR7 - ADR0$ 指定的存储器单元；

信号 $ARINC = 1$，表示在 $T3$ 的上升沿地址寄存器 AR 加 1，为写下一个数做准备。

按一次 QD 按钮，将数写入存储器，地址寄存器加 1，进入下一步。

4. 其他 9 个数据写入存储器操作。向存储器中写如第 2 个到第 10 个数据时，微程序地址仍然是 08H。

按照步骤（3）写完第 10 个数后，地址寄存器指示灯 $AR7 - AR0$ 显示出第 11 个存储器地址。按复位按钮 CLR，结束存储器写操作。

这里要注意两个问题：

a. 当指示灯 $AR7 - AR0$ 显示出第 10 个存储器地址并在数据开关 $SD7 - SD0$ 上设置好第 10 个数后，必须按一次 QD 按钮，才能将第 10 个数写入存储器，如果不按一次 QD 按钮，第 10 个数无法写入存储器。

b. 当指示灯 $AR7 - AR0$ 显示出第 11 个地址时，不能再按启动按钮 QD，否则将破坏第 11 个存储器单元的内容，必须按一次复位按钮 CLR 结束写操作。

5. 存储器读出操作。从地址 23H 开始的 10 个连续的存储器单元中读出 10 个数据。

（1）读操作模式设置。按一次复位按钮 CLR，微地址指示灯 $\mu A5 - \mu A0$ 显示 00H。

将操作模式开关设置为 $SWC = 0$、$SWB = 1$、$SWA = 1$，即设置为读存储器模式。准备进入读存储器操作。

按一次 QD 按钮，进入下一步。

（2）设置存储器地址。微程序地址指示灯 $\mu A5 - \mu A0$ 显示 07H。

使用数据开关 $SD7 - SD0$ 上设置存储器地址。

信号 $SWBUS = 1$，表示数据开关 $SD7 - SD0$ 上的存储器地址送数据总线 $DBUS$；

信号 $LAR = 1$，表示数据总线 $DBUS$ 上的存储器地址将在 $T3$ 的上升沿送入地址寄存器 AR。

按一次 QD 按钮，产生一组 $T1$、$T2$、$T3$ 时序脉冲，在 $T3$ 的上升沿将存储器地址写入地址寄存器 AR。进入下一步。

（3）第一个数据读出存储器操作。微程序地址指示灯 $\mu A5 - \mu A0$ 显示 0BH。

地址寄存器指示灯 $AR7 - AR0$ 显示被读存储器单元地址；

数据总线 $DBUS$ 指示灯 $D7 - D0$ 显示存储器单元的内容。

$SELAR = 1$，表示选中地址寄存器 AR 作为存储器地址；

信号 $LRW = 0$、$RAMBUS = 1$ 表示读 $ADR7 - ADR0$ 指定的存储器单元，读出的数传送到数据总线 $DBUS$ 上，指示灯 $D7 - D0$ 指示读出的数据；

信号 $ARINC = 1$，表示在 $T3$ 的上升沿地址寄存器 AR 加 1，为读下一个数做准备。

按一次 QD 按钮，进入下一步。

（4）其他 9 个数据读出存储器操作。读第 2 个数到第 10 个数时，微程序地址仍然是 0BH，按照步骤（3）读完第 10 个数后，按复位按钮 CLR，结束存储器读操作。

五、实验要求

1. 实验准备要求。按实验要求准备实验，并填写表 3 - 2 - 1 实验准备观察、记录和分析表。

表 3 - 2 - 1 实验准备观察、记录和分析

信号连线	硬布线指示灯	电源指示灯
时序信号 T1 测试	D1 D0	意义
按下 Reset 按钮		
按下 DQ 按钮 1 次		
按下 DQ 按钮 2 次		
按下 DQ 按钮 3 次		
时序信号 T2 测试	D1 D0	意义
按下 Reset 按钮		
按下 DQ 按钮 1 次		
按下 DQ 按钮 2 次		
按下 DQ 按钮 3 次		
时序信号 T3 测试	D1 D0	意义
按下 Reset 按钮		
按下 DQ 按钮 1 次		
按下 DQ 按钮 2 次		
按下 DQ 按钮 3 次		

2. 实验过程要求。

（1）从地址 $23H$ 开始向存储器中连续写入指定的 10 个数。

（2）从地址 $23H$ 开始,连续从存储器中读出 10 个数,并与写进存储器中的数进行比较,检查是否相同。

（3）在写存储器和读存储器的实验操作中,记录下每一步中信号的变化,填写表 3 - 2 - 2 实验步骤观察、记录和分析表。并解释表中各信号在每一步中的作用。

表 3 - 2 - 2 实验步骤观察、记录和分析

信号	SWBUS	RAMBUS	LAR#	SELAR	LRW	PCINC	LPC#	CLR#
记录								
是否有效								
功能								
指示灯	$\mu A5 - \mu$	PC7 - PC0	AR7 - AR0					
记录								
是否有效								
功能								
开关	SD7 - SD0	SWC	SWB	SWA				
记录								
是否有效								
功能								

3. 实验电路分析要求。

结合图 3 – 2 – 4 的存储器实验电路图，试说明在 TEC – 6G 计算机组成原理实验系统中是如何实现存储器读写的。

4. 实验报告要求。整理实验原始数据、分析实验结果、完成实验报告。

思 考 题

在 TEC – 6G 计算机组成原理实验系统中，信号 *SWBUS* 和 *RAMBUS* 能否同时为 1？为什么？

数 据 通 路

一、实验目的

1. 了解 TEC-6G 模型计算机的数据通路。
2. 了解各种数据在 TEC-6G 模型计算机数据通路中的流动路径。

二、实验原理

TEC-6G 计算机组成原理实验系统的数据通路主要是将运算器部分、存储器部分和控制器联合在一起形成的。

TEC-6G 计算机组成原理实验系统数据通路图如图 3-3-1 所示。

1. 运算器数据通路。运算器 ALU 完成 A 总线和 B 总线上数据的算术逻辑运算或者单纯的数据传送工作。ALU 根据信号 $S3$、$S2$、$S1$、$S1$ 和 M 完成指定的运算。

在信号 ALUBUS#-I 为 0 时,将运算的数据结果送往数据总线 DBUS,运算结果或者在 $T3$ 的上升沿写入累加器 R0(在个别情况下写入寄存器 R1、R2 和 R3),或者在 $T2$ 时写入存储器。

(1)信号 LDC 和 LDZ 的功能。

当信号 $LDC = 1$ 时,在 $T3$ 的上升沿保存运算产生的进位 C;

当信号 $LDZ = 1$ 时,在 $T3$ 的上升沿保存运算产生的结果为 0 标志 Z;

Z 标志和 C 标志送控制器。

累加器 R0 通过 A 总线向运算器 ALU 提供一个目的操作数。

(2)信号 $RS1\#$、$RS2\#$ 和 $RS3\#$ 的功能。

当信号 $RS1\# = 0$、$RS2\# = 1$、$RS3\# = 1$ 时,寄存器 R1 通过 B 总线向运算器 ALU 提供源操作数;

当信号 $RS1\# = 1$、$RS2\# = 0$、$RS3\# = 1$ 时,寄存器 R2 通过 B 总线向运算器 ALU 提供源操作数;

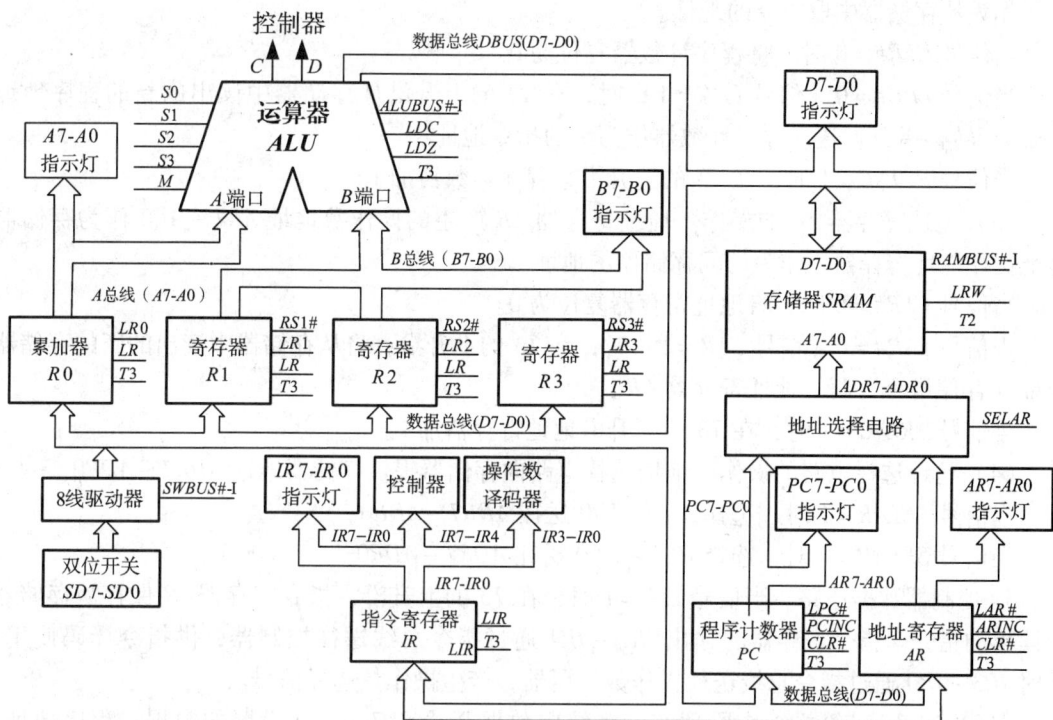

图 3 – 3 – 1　数据通路实验电路

当信号 $RS1\# = 1$、$RS2\# = 1$、$RS3\# = 0$ 时，寄存器 $R3$ 通过 B 总线向运算器 ALU 提供源操作数。

（3）信号 LR、$LR0$、$LR1$、$LR2$ 和 $LR3$ 的功能。

当信号 $LR = 1$、$LR0 = 1$ 时，在 $T3$ 的上升沿，从运算器 ALU 传送过来的数据或者从存储器中读出的数据保存到 $R0$；

当信号 $LR = 1$、$LR1 = 1$ 时，在 $T3$ 的上升沿，从运算器 ALU 传送过来的数据或者从存储器中读出的数据保存到 $R1$；

当信号 $LR = 1$、$LR2 = 1$ 时，在 $T3$ 的上升沿，从运算器 ALU 传送过来的数据或者从存储器中读出的数据保存到 $R2$；

当信号 $LR = 1$、$LR3 = 1$ 时，在 $T3$ 的上升沿，从运算器 ALU 传送过来的数据或者从存储器中读出的数据保存到 $R3$。

2. 存储器数据通路。

（1）信号 $RAMBUS\# - I$ 和 LRW 的功能。

当信号 $RAMBUS\# - I = 0$、$LRW = 0$ 时，$ADR7 - ADR0$ 指定的存储器单元中的数据送到数据总线 $DBUS$ 上；然后通过数据总线 $DBUS$ 送往累加器 $R0$、寄存器 $R1$、$R2$、$R3$，或者作为指令送往指令寄存器，或者作为新的存储器地址送往地址寄存器 AR。

当信号 $RAMBUS\# = 1$（信号 $RAMBUS = 0$）、$LRW = 1$ 时，在 $T2$ 为高电平期间将数据总线 $DBUS$ 上的数写入 $ADR7 - ADR0$ 指定的存储器单元。

（2）程序计数器 PC 的操作。程序计数器 PC 产生的指令地址 $PC7 - PC0$ 送往地址选择器，作为从存储器中取指令的地址。

当信号 $CLR\# = 0$ 时，将程序计数器复位为 0。

当信号 $LPC\# = 0$（信号 $LPC = 1$）时，在 $T3$ 的上升沿从存储器中读出的新的程序地址（适用于转移指令）送入程序计数器作为新的指令地址。

当信号 $PCINC = 1$ 时，在 $T3$ 的上升沿，程序计数器加 1。

（3）地址寄存器 AR 的操作。地址寄存器 AR 产生的操作数地址 $AR7 - AR0$ 作为存储器地址送往地址选择器，作为访问存储器的地址。

当信号 $CLR\# = 0$ 时，将地址寄存器复位为 0。

当信号 $LAR\# = 0$（信号 $LAR = 1$）时，在 $T3$ 的上升沿，将从存储器中读出的新的存储器地址（存储指令）写入地址寄存器 AR。

当信号 $ARINC = 1$ 时，在 $T3$ 的上升沿地址寄存器加 1。

（4）地址选择电路的操作。地址选择电路向存储器提供存储器地址 $ADR7 - ADR0$。

当信号 $SELAR = 1$ 时，选择 $AR7 - AR0$ 送往 $ADR7 - ADR0$；

当信号 $SELAR = 0$ 时，选择 $PC7 - PC0$ 送往 $ADR7 - ADR0$。

3. 控制器数据通路。当信号 $LIR = 1$ 时，在 $T3$ 的上升沿，指令寄存器 IR 保存从存储器中读出的指令。指令寄存器的输出 $IR7 - IR4$ 通过指令总线送往控制器，供指令译码使用；同时 $IR3 - IR0$ 通过指令总线送往操作数译码器，产生操作数选择信号。

在 TEC - 6G 计算机组成原理实验系统中数据开关 $SD7 - SD0$ 设置的数据、程序地址、存储器地址等通过 8 线驱动器送到数据总线 $DBUS$ 上。

三、实验设备和实验内容

1. 实验设备。

（1）TEC - 6G 计算机组成实验系统 1 台；

（2）双踪示波器 1 台（非必备）；

（3）直流万用表 1 只。

2. 实验内容。

（1）向 $R0$ 中写入 $35H$，向 $R1$ 中写入 $86H$；

（2）将 $R0$ 中的数写入存储器 $20H$ 单元，从存储器 $20H$ 单元读数到 $R2$；

（3）将 $R1$ 中的数写入存储器 $20H$ 单元，从存储器 $21H$ 单元读数到 $R3$；

（4）检查 $R2$、$R3$ 的内容是否正确。

（5）在上述任务中记录有关信的值，并对信号的取值作出正确的解释。

四、实验步骤

1. 实验准备。

（1）信号连接。将 TEC - 6G 计算机组成原理实验系统实验台上的下列信号连接，以便控制信号能够对存储器实验电路进行控制。

信号 $SWBUS\# - O$ 和信号 $SWBUS\# - I$ 连接；

信号 $ALUBUS\# - O$ 和信号 $ALUBUS\# - I$ 连接；

信号 $RAMBUS\# - O$ 和信号 $RAMBUS\# - I$ 连接。

（2）控制器转换开关设置。将控制器转换开关设置为微程序状态，使用微程序控制器产生的控制信号对存储器实验电路进行控制。

（3）打开电源。TEC - 6G 计算机组成原理实验系统中，信号指示灯亮代表对应信号为 1，信号指示灯灭代表对应信号为 0。

由于打开电源后，实验台上所有信号灯非 0，则 1。因此实验时要对照图 3 - 3 - 1 确定哪些信号是对操作有效的信号，并观察、记录看每一步骤相应信号的值。

（4）基本时序信号测试。TEC - 6G 计算机组成原理实验系统的实验开始之前，应先检测基本时序信号 $T1$、$T2$、$T3$ 是否正常。使用逻辑笔可以完成 $T1$、$T2$、$T3$ 信号的测试。测试方法如下：

a. 将逻辑笔的一端插入 TEC - 6G 计算机组成原理实验系统实验台上"逻辑笔"上面的插孔中，另一端插入"$T1$"上方的插孔中。

b. 将单微指令开关 DP 拨到向上位置，使 TEC - 6G 模型计算机处于单微指令运行方式。

c. 按复位按钮 CLR，使时序信号发生器复位。

d. 按逻辑笔框内的 Reset 按钮，使逻辑笔上的脉冲计数器复位，2 个黄灯 $D1$、$D0$ 均灭。

e. 按一次启动按钮 QD，这时指示灯 $D1D0$ 的状态应为 $01B$，表示产生了一个 $T1$ 脉冲；如果再按一次 QD 按钮，则指示灯 $D1$、$D0$ 的状态应当为 $10B$，表示又产生了一个 $T1$ 脉冲；继续按 QD 按钮，可以看到在单周期运行方式下，每按一次 QD 按钮，就产生一个 $T1$ 脉冲。

f. 用同样的方法测试 $T2$、$T3$。

2. 累加器 $R0$ 和寄存器 $R1$ 写入操作。此步骤的目的是：向累加器 $R0$ 中写入 $35H$；向寄存器 $R1$ 中写入 $86H$。

（1）设置操作模式。按一次复位按钮 CLR，微地址指示灯 $\mu A5 - \mu A0$ 显示 $20H$。

将操作模式开关设置为 $SWC = 1$，$SWB = 1$，$SWA = 0$，即数据通路实验模式。准备进入数据通路实验。

按一次 QD 按钮，进入下一步。

（2）累加器 $R0$ 写入操作。微地址指示灯 $\mu A5 - \mu A0$ 显示 $22H$。

在数据开关 $SD7 - SD0$ 上置数 $35H$。数据总线 $D7 - D0$ 将显示这个数据。

按一次 QD 按钮，将 $35H$ 写入 $R0$，进入下一步。

注意观察在按下 QD 按钮前后，数据总线指示灯 $D7 - D0$、A 总线指示灯 $A7 - A0$、B 总线指示灯 $B7 - B0$、微地址指示灯 $\mu A5 - \mu A0$ 和地址指示灯 $AR7 - AR0$ 的情况及信号 $SWBUS$、LR、$SEL3$、$SEL2$、$SEL1$、$SEL0$ 所示状态的意义。

（3）寄存器 $R1$ 写入操作。微地址指示灯 $\mu A5 - \mu A0$ 显示 $25H$。

在数据开关 $SD7 - SD0$ 上置数 $86H$。数据总线 $D7 - D0$ 将显示这个数据。

按一次 QD 按钮，将 $86H$ 写入 $R1$，进入下一步。

注意观察在按下 QD 按钮前后，数据总线指示灯 $D7 - D0$、A 总线指示灯 $A7 - A0$、B 总线指示灯 $B7 - B0$、微地址指示灯 $\mu A5 - \mu A0$ 和地址指示灯 $AR7 - AR0$ 的情况及信号 $SWBUS$、

LR、*SEL*3、*SEL*2、*SEL*1、*SEL*0 所示状态的意义。

3. 设置地址寄存器操作。微地址指示灯 $\mu A5 - \mu A0$ 显示 2*AH*。

在数据开关 *SD*7 – *SD*0 上置数 20*H*。

按一次 *QD* 按钮，将 20*H* 写入地址寄存器 *AR*，进入下一步。

注意观察在按下 *QD* 按钮前后，数据总线指示灯 *D*7 – *D*0、*A* 总线指示灯 *A*7 – *A*0、*B* 总线指示灯 *B*7 – *B*0、微地址指示灯 $\mu A5 - \mu A0$ 和地址指示灯 *AR*7 – *AR*0 的情况及信号 *SWBUS*、*LR*、*SEL*3、*SEL*2、*SEL*1、*SEL*0 所示状态的意义。

4. *RO*→存储器→*R*2 的写入操作。此步骤的目的是将 *R*0 中的数据写入存储器 20*H* 单元，然后将存储器 20*H* 单元中的数据写入 *R*2。

（1）*RO*→存储器的写入操作。微地址指示灯 $\mu A5 - \mu A0$ 显示 2*BH*。

按一次 *QD* 按钮，将 *R*0 中的数写入存储器 20*H* 单元，进入下一步。

注意观察在按下 *QD* 按钮前后，数据总线指示灯 *D*7 – *D*0、*A* 总线指示灯 *A*7 – *A*0、*B* 总线指示灯 *B*7 – *B*0、微地址指示灯 $\mu A5 - \mu A0$ 和地址指示灯 *AR*7 – *AR*0 的情况及信号 *SELAR*、*LRW*、*M*、*S*3、*S*2、*S*1、*S*0、*SEL*1、*SEL*0、*ALUBUS* 所示状态的意义。

（2）存储器→*R*2 的写入操作。微地址指示灯 $\mu A5 - \mu A0$ 显示 2*CH*。

按一次 *QD* 按钮，将存储器 20 单元中的数读到 *R*2，进入下一步。

注意观察在按下 *QD* 按钮前后，数据总线指示灯 *D*7 – *D*0、*A* 总线指示灯 *A*7 – *A*0、*B* 总线指示灯 *B*7 – *B*0、微地址指示灯 $\mu A5 - \mu A0$ 和地址指示灯 *AR*7 – *AR*0 的情况及信号 *SELAR*、*LRW*、*M*、*S*3、*S*2、*S*1、*S*0、*SEL*1、*SEL*0、*ALUBUS* 所示状态的意义。

5. 寄存器 *R*1→存储器→寄存器 *R*3 的写入操作。此步骤的目的是将寄存器 *R*1 中的数据写入到存储器 20*H* 单元，将存储器 20*H* 单元中的数据写入到寄存器 *R*3。

（1）寄存器 *R*1→存储器的写入操作。微地址指示灯 $\mu A5 - \mu A0$ 显示 2*DH*。

按一次 *QD* 按钮，将 *R*1 中的数写入存储器 20*H* 单元，进入下一步。

注意观察在按下 *QD* 按钮前后，数据总线指示灯 *D*7 – *D*0、*A* 总线指示灯 *A*7 – *A*0、*B* 总线指示灯 *B*7 – *B*0、微地址指示灯 $\mu A5 - \mu A0$ 和地址指示灯 *AR*7 – *AR*0 的情况及信号 *SELAR*、*LRW*、*M*、*S*3、*S*2、*S*1、*S*0、*SEL*1、*SEL*0、*ALUBUS* 所示状态的意义。

（2）存储器→寄存器 *R*3 的写入操作。微地址指示灯 $\mu A5 - \mu A0$ 显示 2*EH*。

按一次 *QD* 按钮，将存储器 20 单元中的数读到 *R*3，进入下一步。

注意观察在按下 *QD* 按钮前后，数据总线指示灯 *D*7 – *D*0、*A* 总线指示灯 *A*7 – *A*0、*B* 总线指示灯 *B*7 – *B*0、微地址指示灯 $\mu A5 - \mu A0$ 和地址指示灯 *AR*7 – *AR*0 的情况及信号 *SELAR*、*RAMBUS*、*LAW*、*LR*、*SEL*3、*SEL*2、*SEL*1、*SEL*0 所示状态的意义。

6. 检查寄存器 *R*2、*R*3 中的数据。

（1）检查寄存器 *R*2 中的数据。微地址指示灯 $\mu A5 - \mu A0$ 显示 2*FH*。

按一次 *QD* 按钮，进入下一步。

注意观察在按下 *QD* 按钮前后，数据总线指示灯 *D*7 – *D*0、*A* 总线指示灯 *A*7 – *A*0、*B* 总线指示灯 *B*7 – *B*0、微地址指示灯 $\mu A5 - \mu A0$ 和地址指示灯 *AR*7 – *AR*0 的情况及信号 *ALUBUS*、*M*、*S*3、*S*2、*S*1、*S*0、*LR*、*SEL*3、*SEL*2、*SEL*1、*SEL*0 所示状态的意义。

（2）检查寄存器 *R*3 中的数据。微地址指示灯显示 30*H*。

按一次 *QD* 按钮，进入下一步。

注意观察在按下 QD 按钮前后，数据总线指示灯 $D7-D0$、A 总线指示灯 $A7-A0$、B 总线指示灯 $B7-B0$、微地址指示灯 $\mu A5-\mu A0$ 和地址指示灯 $AR7-AR0$ 的情况及信号 $ALUBUS$、M、$S3$、$S2$、$S1$、$S0$、LR、$SEL3$、$SEL2$、$SEL1$、$SEL0$ 所示状态的意义。

（3）按复位按钮 CLR，结束操作。

五、实验要求

1. 实验准备要求。按实验要求准备实验，并填写表 3 - 3 - 1 实验准备观察、记录和分析表。

2. 实验过程要求。记录实验中每一步骤有关信号的变化，填写表 3 - 3 - 2 实验步骤观察、记录和分析表。并解释表中各信号在每一步中的作用。

表 3 - 3 - 1　　　　　　　实验准备观察、记录和分析

信号连线	硬布线指示灯	电源指示灯
时序信号 $T1$ 测试	$D1$ $D0$	意义
按下 Reset 按钮		
按下 DQ 按钮 1 次		
按下 DQ 按钮 2 次		
按下 DQ 按钮 3 次		
时序信号 $T2$ 测试	$D1$ $D0$	意义
按下 Reset 按钮		
按下 DQ 按钮 1 次		
按下 DQ 按钮 2 次		
按下 DQ 按钮 3 次		
时序信号 $T3$ 测试	$D1$ $D0$	意义
按下 Reset 按钮		
按下 DQ 按钮 1 次		
按下 DQ 按钮 2 次		
按下 DQ 按钮 3 次		

表 3 - 3 - 2　　　　　　　实验步骤观察、记录和分析

信号	M	$SWBUS$	$ALUBUS$	$S3$	$S2$	$S1$	$S0$
记录							
是否有效							
功能							
信号	$SEL3$	$SEL2$	$SEL1$	$SEL0$	LR	LDZ	LDC
记录							
是否有效							

信号	M	SWBUS	ALUBUS	S3	S2	S1	S0
功能							
信号	RAMBUS	LAR#	SELAR	LRW	PCINC	LPC#	CLR#
记录							
是否有效							
功能							
指示灯	$\mu A5 - \mu A0$	D7 – D0	A7 – A0	B7 – B0	C	Z	
记录							
是否有效							
功能							
指示灯	$\mu A5 - \mu A0$	PC7 – PC0	AR7 – AR0				
记录							
是否有效							
功能							
开关	SD7 – SD0	SWC	SWB	SWC			
记录							
是否有效							
功能							

3. 实验电路分析要求。结合图 3 – 3 – 1 数据通路实验电路图，试说明在 TEC – 6G 计算机组成原理实验系统中是如何实现数据传输的。

4. 实验报告要求。整理实验原始数据、分析实验结果、完成实验报告。

思 考 题

1. 在实验步骤 3 ~ 6 中是否改变了 R0 和 R1 的值？为什么？
2. 在实验步骤 6 中 A 总线 A7 – A0 上显示的是哪个寄存器的值？为什么？

微程序控制器

一、实验目的

1. 掌握时序信号发生器的工作原理；
2. 了解 TEC – 6G 模型计算机的微程序控制器的原理；
3. 学会微程序控制器的一般设计方法；
4. 读懂微程序流程图；
5. 理解微程序流程图设计方法。

二、实验原理

1. 时序信号发生器。TEC – 6G 计算机组成原理实验系统的时序信号发生器由 1 片可编程门阵列芯片（也称为通用阵列逻辑器件）GAL16V 8、2 个 RS 触发器、1 个双位开关和 1 个振荡频率为 1MHz 的石英晶体振荡器组成。在实验台上 GAL16V8 芯片的编号是 U6。GAL16V8 是可编程逻辑芯片，其与门阵列是可编程的，或门阵列是固定连接的，通过对它进行编程实现时序信号发生器功能。

GAL16V8 芯片引脚图如图 3 – 4 – 1 所示。

TEC – 6G 计算机组成原理实验系统的时序发生器电路图如图 3 – 4 – 2 所示。

4 个引脚的石英晶体振荡器产生 1MHz 的主时钟信号 MF，它送到 GAL16V8（U6），用于产生时序信号 $A – T1$、$A – T2$ 和 $A – T3$。

GAL16V8（U6）根据主时钟信号 MF、复位信号 CLR#、启动信号 QD 和停机信号 TJ 产生时序信号 $A – T1$、$A – T2$ 和 $A – T3$。

时序信号 $A – T1$、$A – T2$ 和 $A – T3$ 是在使用微程序控制器时的模型计算机时序脉冲信号。由于 GAL16V8 是可编程逻辑器件，通过对它进行编程实现时序信号发生器功能。

与非门 U14C、U14D、2 个阻值为 1K 欧姆的电阻器和一个 CLR（复位）按钮构成的 RS 触发器用于产生复位信号 CLR#。

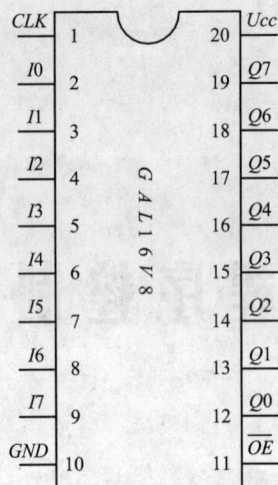

图 3 - 4 - 1   *GAL*16*V*8 芯片引脚图

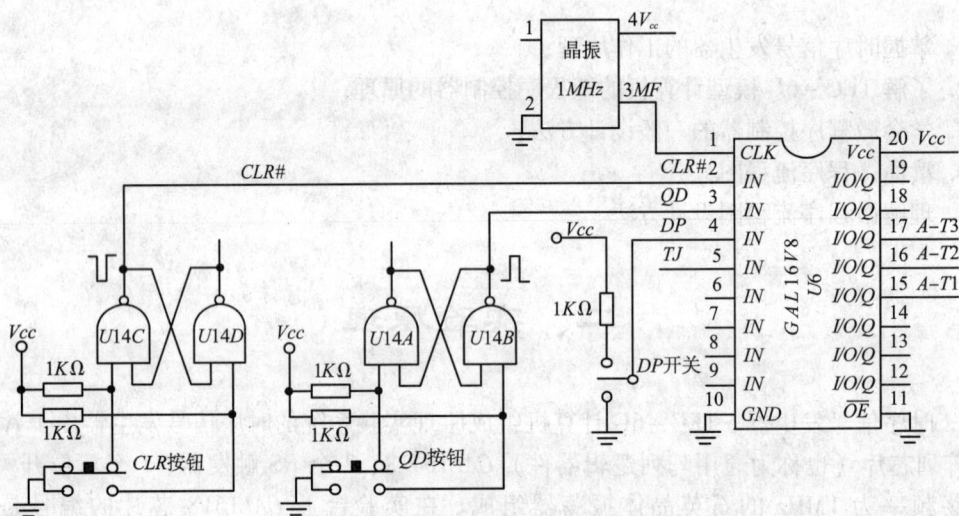

图 3 - 4 - 2   时序信号发生器电路

当 CLR 按钮没有按下时，CLR#信号为高电平；

当按下 CLR 按钮后，CLR#信号变为低电平；

当 CLR 按钮弹起后，CLR#恢复为高电平。

CLR#信号为低电平有效，脉宽取决于按下 CLR 按钮的时间。采用 RS 触发器方式产生复位信号 CLR#是为了消除按下 CLR 按钮时产生的抖动。

当 CLR#信号为低电平时，TEC - 6G 计算机组成原理实验系统的模型计算机处于复位状态，停止运行，等待启动。

启动按钮 QD 同样是由一个 RS 触发器产生的，当按一次 QD 按钮时，产生一个正的 QD 脉冲，送往 GAL16V8（U6）。当 QD 信号为高电平后，模型计算机启动，时序信号发生器开始输出时序信号 A - T1、A - T2 和 A - T3。

双位开关 DP 用于产生单微指令信号 DP。

当 DP 为 0 时, 按下启动按钮 QD, 时序信号发生器产生连续的 A – T1、A – T2 和 A – T3, 直到微程序控制器产生的 TJ 信号为 1 时为止, 或者复位信号 CLR# 为 0 时为止。

DP 为 0 时按下 QD 按钮后的节拍信号波形图如图 3 – 4 – 3 所示。

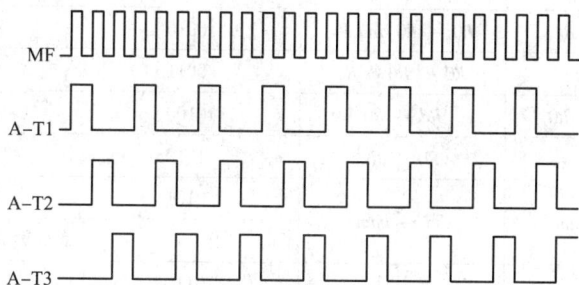

图 3 – 4 – 3 DP 为 0 时按下 QD 按钮后的节拍信号波形图

当 DP 为 1 时, 按一次 QD 按钮后, 时序信号发生器只能产生一组 A – T1、A – T2 和 A – T3, 只能执行 1 条微指令。

DP 为 0 时按下 QD 按钮后的节拍信号波形图如图 3 – 4 – 4 所示。

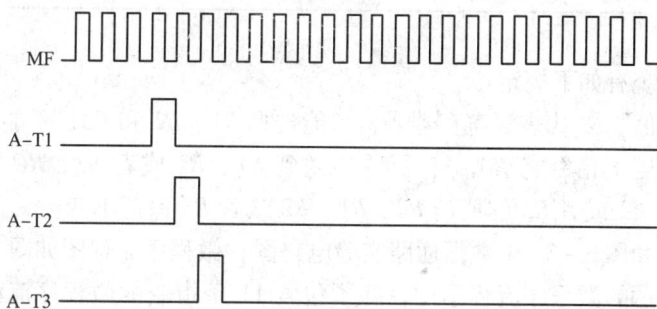

图 3 – 4 – 4 DP 为 1 时按下 QD 按钮后的节拍信号波形图

在 TEC –6G 计算机组成原理实验系统中的硬布线控制器中还有一个时序信号发生器, 它产生时序信号 B – T1、B – T2、B – T3。2 个信号发生器产生的时序信号经过一个切换电路后产生数据通路使用的时序脉冲信号 T1、T2、T3。

2. 指令系统及微程序流程。TEC –6G 计算机组成原理实验系统的模型计算机是个 8 位机, 字长是 8 位。多数指令是单字指令, 少数指令是双字指令。指令使用 4 位操作码, 最多容纳 16 条指令。

有实现加法、减法、逻辑与、逻辑或、传送 1、传送 2、存数、取数、Z 条件转移、C 条件转移和停机 11 条指令, 其他 6 条指令备用。

TEC –6G 计算机组成原理实验系统的模型计算机指令系统表如表 3 – 4 – 1 所示。

表 3 – 4 – 1 模型计算机指令系统

名　称	助记符	功　能	指令格式		
			IR7 IR6 IR5 IR4	IR3 IR2	IR1 IR0
加法	ADD R0, Rs	R0 ← R0 + Rs	0000	00	Rs
减法	SUB R0, Rs	R0 ← R0 – Rs	0001	00	Rs
逻辑与	AND R0, Rs	R0 ← R0 and Rs	0010	00	Rs
逻辑或	OR R0, Rs	R0 ← R0 or Rs	0011	00	Rs
传送 1	MOVA Rd, R0	Rd ← R0	0100	Rd	00
传送 2	MOVB R0, Rs	R0 ← Rs	1010	00	Rs
取数	LD Rd, imm	Rd ← imm	0101	Rd	× ×
			立即数 imm		
存数	ST R0, addr	R0 → addr	0110	× ×	× ×
			存储器地址 addr		
C 条件转移	JC addr	如果 C = 1，转移到地址 addr	0111	× ×	× ×
			存储器地址 addr		
Z 条件转移	JZ addr	如果 Z = 1，转移到地址 addr	1000	× ×	× ×
			存储器地址 addr		
停机	HALT	暂停 T1、T2、T3	1001	× ×	× ×

计算机指令系统有如下规定：

××代表随意值。Rs 代表源寄存器号，只能选择 R1、R2 和 R3，不能选择 R0。Rd 代表目的寄存器号。传送 1 指令将 R0 寄存器的值送到 R1、R2 或者 R3，R0 寄存器保持不变。传送 2 指令将 R1、R2 或者 R3 的值送 R0，R1、R2 或者 R3 保持不变。

根据指令系统和图 3 – 3 – 1 数据通路实验电路图，微程序流程图如图 3 – 4 – 5 所示。

图 3 – 4 – 5 所示的微程序流程图中，除了包含 11 条指令的微程序流程外，还包含了 3 个控制台操作的微程序流程，它们是读存储器操作、写存储器操作和读寄存器操作。其中读存储器操作和写存储器操作在存储器实验中已经使用过。读寄存器操作则是连续读出寄存器 R0、R1、R2、R3 的值，在数据总线指示灯 D7 – D0 上显示出来。

按下复位按钮 CLR 后，微地址复位到 00H。在微程序流程图中使用 5 个判断位 P0、P1、P2、P3 和 P4 处理微程序的分支。

判断位 P4 和操作模式开关 SWB、SWA 联合形成操作模式的微程序分支。

当微地址是 00H 时，SWB、SWA 的功能如下：

（1）若 SWB = 0，SWA = 0，则下条微指令的微地址为 01H，进行取指操作；

（2）若 SWB = 0，SWA = 1，则下条微指令的微地址为 03H，进入读寄存器操作；

（3）若 SWB = 1，SWA = 0，则下条微指令的微地址是 05H，进入写存储器操作；

（4）若 SWB = 1，SWA = 1，则下条微指令的微地址是 07H，进入读寄存器操作。

在一条指令执行结束时的微指令中也有判断位 P4，用于根据操作模式开关进行微程序分支。

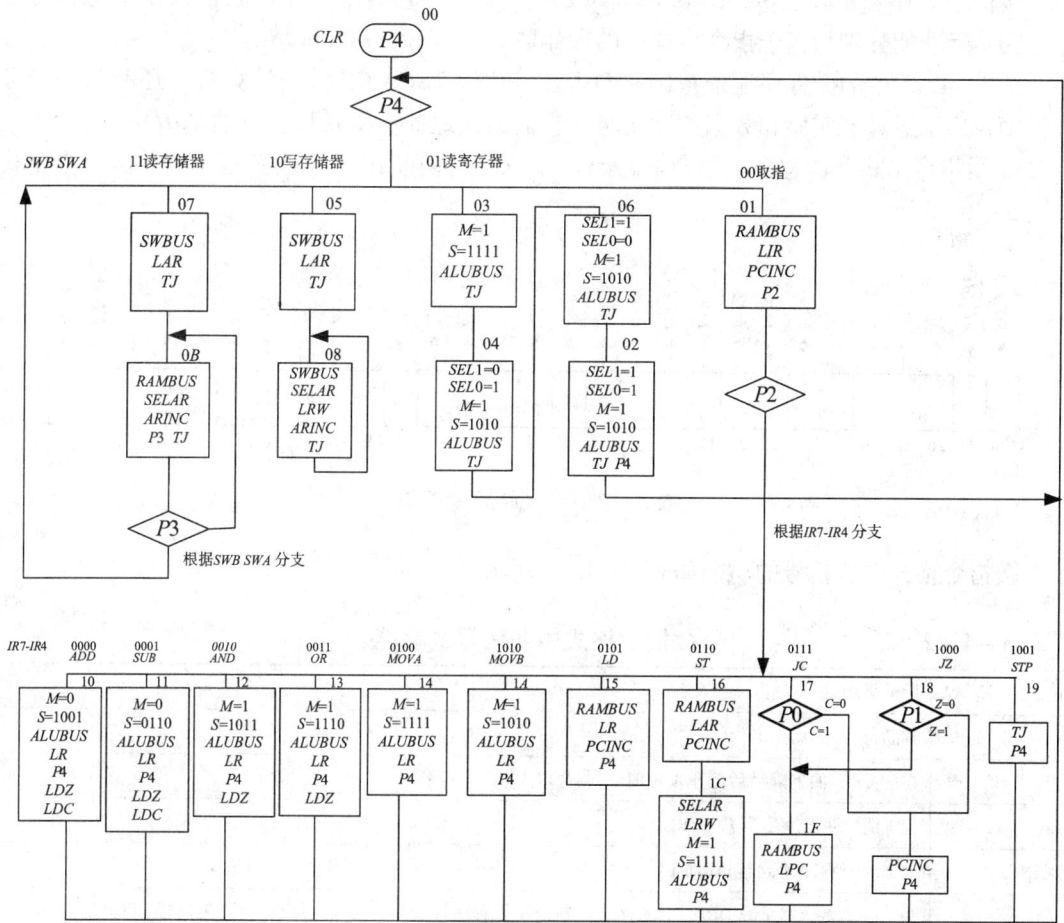

图 3 - 4 - 5　微程序流程

判断位 $P2$ 和指令操作码 $IR7 - IR4$ 联合在一起对各种指令的微程序进行分支。例如，加法指令的操作码 $IR7 - IR4$ 为 $0000B$，因此下一条微指令的微地址 $10H$；逻辑或指令操作码为 $0011B$，因此下一条微指令的地址为 $13H$。

判断位 $P0$ 用于根据进位 C 进行微程序分支，完成 C 条件转移指令。如果 $C = 1$，下条微指令的微地址是 $1FH$，改变程序计数器 PC 到指定的地址；如果 $C = 0$，下条微指令的微地址是 $0FH$，程序顺序执行。

判断位 $P1$ 用于根据 Z（结果为 0）进行微程序分支，完成 Z 条件转移指令。如果 $Z = 1$，下条微指令的微地址是 $1FH$，改变程序计数器 PC 到指定的地址；如果 $C = 0$，下条微指令的微地址是 $0FH$，程序顺序执行。

判断位 $P3$ 用于根据操作模式开关 SWB、SWA 改变与否决定是不是继续进行读存储器操作。在微地址 $0BH$ 的微指令执行后，如果操作模式开关继续保持 $SWB = 1$、$SWA = 1$，则下条微指令的微地址仍然是 $0BH$；如果操作模式开关 SWB、SWA 的值不是 $11B$，那么下条微指令的微地址根据 SWB、SWA 的值决定，或者转到微地址 $07H$ 进行写存储器操作，或者转到微地址 $03H$ 进行读寄存器操作，或者转到微地址 $01H$ 取指执行下条指令。

微程序中有 4 个信号 $SEL3$、$SEL2$、$SEL1$ 和 $SEL0$，它们用于在控制台操作中选择寄存器，其实际功能分别相当于指令格式中的操作数 $IR3$、$IR2$、$IR1$ 和 $IR0$。

图 3 – 4 – 5 中的微程序地址范围是 00H 到 1FH。$TEC – 6G$ 模型计算机中还有另一部分微程序，用于运算器实验和数据通路实验，它们的微地址在 20H 以上（含 20H）。

3. 微指令格式及微程序控制器电路。TEC – 6G 计算机组成原理实验系统的微指令格式如图 3 – 4 – 6 所示。

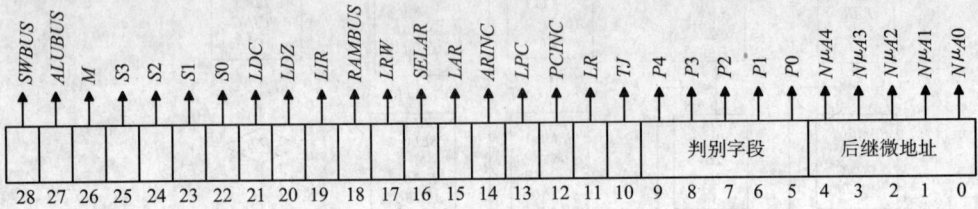

图 3 – 4 – 6 微指令格式

微指令格式中各信号的功能如表 3 – 4 – 2 所示。

表 3 – 4 – 2   微指令格式中各信号的功能

NµA5 – NµA0	后继微地址
P4 – P0	判断位
TJ	在脉冲 T3 的下降沿后停止发出时序脉冲 T1、T2、T3
LR	为 1 时，进行写寄存器操作
PCINC	为 1 时，程序计数器 PC 加 1
LPC	为 1 时，将数据总线 DBUS 上的存储器地址写入程序计数器 PC，经过反相后产生信号 LPC#
ARINC	为 1 时，地址寄存器 AR 加 1
LAR	为 1 时，将数据总线 DBUS 上的存储器地址写入地址寄存器 AR，它经过反相后产生信号 LAR#
SELAR	为 1 时，选择地址寄存器 AR 作为存储器地址 ADR；为 0 时，选择程序计数器 PC 作为存储器地址 ADR
LRW	为 1 时，进行存储器写操作；为 0 时，进行存储器读操作
RAMBUS	为 1 时，将存储器的内容送数据总线 DBUS，它经过反相后产生 RAMBUS# – O
LIR	为 1 时，将数据总线 DBUS 上的指令送入指令寄存器 IR
LDZ	为 1 时，将运算后得到的结果为 0 标志保存
LDC	为 1 时，将运算后得到的进位标志保存
S3 – S0	控制运算器的算数逻辑运算类型
M	为 1 时，运算器进行逻辑运算；为 0 时，运算器进行算数运算
ALUBUS	为 1 时，将运算器运算得到的数据结果送数据总线 DBUS，它经过反相后产生信号 ALUBUS# – O
SWBUS	为 1 时，将数据开关 SD7 – SD0 上的数送数据总线 DBUS，它经过反相后产生信号 SWBUS# – O

根据图 3 – 4 – 5 中的微程序流程图和图 3 – 4 – 6 中的微指令格式，TEC – 6G 计算机组成原理实验系统的微程序控制器电路图如图 3 – 4 – 7 所示。

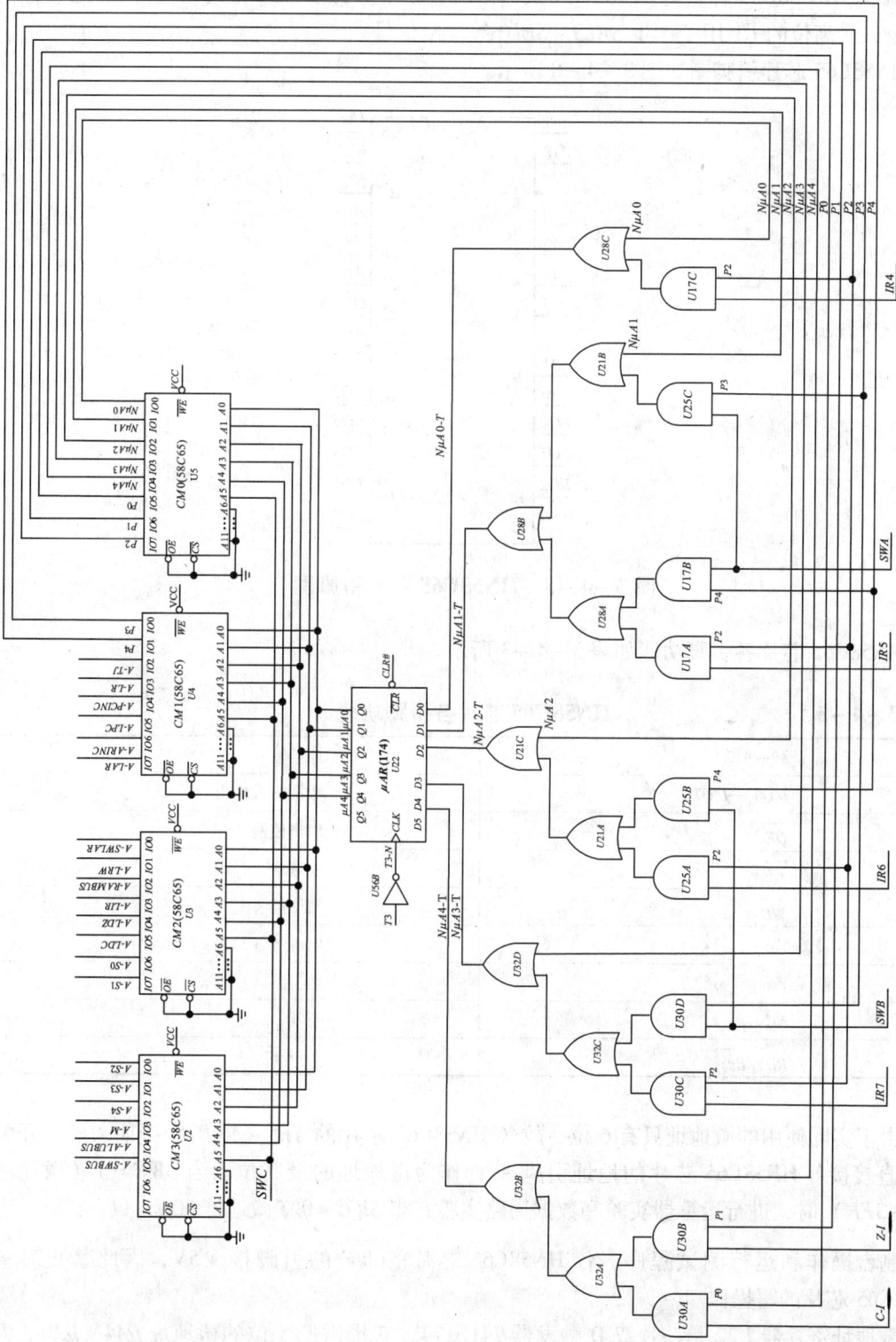

图3-4-7 微程序控制器电路

控制存储器由 5 片 *EEPROM* HN58C65 芯片组成。实验台上芯片编号为 *U*1、*U*2、*U*3、*U*4 和 *U*5。HN 58C65 容量为 8196 × 8bits，即 8K × 8bits。其中 *U*2、*U*3、*U*4 和 *U*5 用于存储微指令，最高位的 *U*1 用于产生 *SEL*3 - *SEL*0 等控制信号。

HN58C65 芯片引脚图如图 3 - 4 - 8 所示。

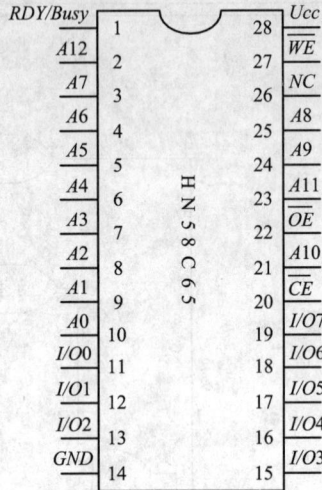

图 3 - 4 - 8　　HN58C65 芯片引脚图

HN58C65 芯片各引脚功能如表 3 - 4 - 3 所示。

表 3 - 4 - 3　　　　　　　　　　　　　HN58C65 芯片各引脚功能

$A0—A12$	地址输入
$I/O0 —I/O7$	数据输入输出
$\overline{OE}$	输出使能
$\overline{CE}$	片选
$\overline{WE}$	写使能
Vcc	电源（ +5V）
Vss	地
NC	空端
$\overline{RDY/Busy}$	$\overline{RDY/Busy}$端

由于实际使用的微地址只有 6 位，故各 HN58C65 芯片的 $A11 - A6$ 引脚接地。模式开关 *SWC* 直接接各 HN58C65 芯片的地址引脚 $A5$，作为微地址的最高位。当 $SWC = 1$（微地址 $20H - 3FH$）时，进行运算器实验和数据通路实验；当 $SWC = 0$（微地址 $00H - 1FH$）时，进行控制台操作和运行测试程序。各 HN58C65 芯片的 $\overline{WE}$ 的引脚接 +5V，因此禁止对各 HN58C65 芯片的写操作。

微地址寄存器 *U*22 是一片双 D 触发器 74LS174，它提供低 5 位的微地址 $\mu A4 - \mu A0$。为了保持一条微指令的完整性，微地址寄存器采用 $T3$ 的下降沿触发，这样直到 $T3$ 结束，各控制信号才会改变。

由于 TEC‑6G 模型计算机中既有微程序控制器，又有硬布线控制器，为了将这 2 个控制器产生的控制信号予以区分，微程序控制器产生的控制信号加前缀"A‑"表示，硬布线控制器产生的控制信号加前缀"B‑"表示，所以在图 3‑4‑7 中，控制信号都有前缀"A‑"，如"A‑LIR"、"A‑RAMBUS"等。

微地址转移逻辑本质上是二级"与—或"关系，这样设计出来的微地址转移逻辑很规整。在图 3‑4‑7 的微程序控制器电路中，微地址寄存器 $D4 - D0$ 端的表达式为：

$N\mu A0 - T = N\mu A0 \quad or \quad (P2\ and\ IR4)$

$N\mu A1 - T = N\mu A1 \quad or \quad (P2\ and\ IR5)\ or\ (P3\ and\ SWA)\ or\ (P4\ and\ SWA)$

$N\mu A2 - T = N\mu A2 \quad or \quad (P2\ and\ IR6)\ or\ (P4\ and\ SWB)$

$N\mu A3 - T = N\mu A3 \quad or \quad (P2\ and\ IR7)\ or\ (P3\ and\ SWB)$

$N\mu A4 - T = N\mu A4 \quad or \quad (P0\ and\ C - I)\ or\ (P1\ and\ Z - I)$

将上述的逻辑等式与图 6.5 的微程序流程图做比较，就会清楚地知道微程序如何实现分支的。

对判断位 $P4$ 实现的分支，$P4$ 和 SWB 一起影响下一微地址的第 2 位，$P4$ 和 SWA 一起影响下一微地址的第 1 位。由于后继微地址设计为 $01H$，因此：

当 $SWB = 0$、$SWA = 0$ 时，下一微地址为 $01H$；

当 $SWB = 0$、$SWA = 1$ 时，下一微地址为 $03H$；

当 $SWB = 1$、$SWA = 0$ 时，下一微地址为 $05H$；

当 $SWB = 1$、$SWA = 1$ 时，下一微地址为 $07H$；

对判断位 $P2$ 实现的分支，$P2$ 和 $IR4$ 一起影响下一微地址的第 0 位，$P2$ 和 $IR5$ 一起影响下一微地址的第 1 位，$P2$ 和 $IR6$ 一起影响下一微地址的第 2 位，$P2$ 和 $IR7$ 一起影响下一微地址的第 3 位。由于后继微地址设计为 $10H$，所以下一微地址的第 4 位为 1，低 4 位就是指令操作码 $IR7 IR6 IR5 IR4$。

对于其他判断位对下一微地址的影响，请自己分析。在计算机中，实现根据条件进行程序分支或者微程序分支是十分重要的。运算（包括加、减等）能力和条件转移能力是计算机操作。如果一台计算机，没有条件转移指令，那么实现 1 000 个数加法的程序，至少需要 2 000 条指令，比算盘都不如。有了条件转移指令后，实现 1 000 个数的加法，不会超过 10 条指令。从上述的例子可以看出，实现条件转移对于计算机的重要性，学习计算机组成原理课程时一定要理解计算机是如何实现条件转移的，微地址转移逻辑提供了一个学习条件转移的很好的例子。

三、实验设备和实验内容

1. 实验设备。

（1）TEC‑6G 计算机组成实验系统 1 台；

（2）双踪示波器 1 台（非必备）；

（3）直流万用表 1 只。

2. 实验内容。

（1）采用单周期方式追踪每种指令的执行过程。

（2）记录下每种指令执行中每一条微指令中控制信号的值，并作出正确解释。

（3）说明指令 *JC ADDR* 和 *JZ ADDR* 的实现方法。

四、实验步骤

1. 实验准备。

（1）信号连接。在 TEC – 6G 计算机组成原理实验系统的实验台上，将信号 *ALUBUS# – I*、*RAMBUS# – I* 和电平开关 *S5* 连接，并将开关 *S5* 拨到朝上位置，即设置 *RAMBUS# – I* = 1、*ALUBUS# – I* = 1，禁止存储器和运算器中的数放到数据总线 *DBUS* 上；

将信号 *SWBUS# – I* 和电平开关 *S0* 连接，开关 *S0* 拨到向下位置，即设置 *SWBUS# – I* = 0。这样在执行取指微指令时，在数据开关 *SD7 – SD0* 上的数据就代替从存储器中读出的指令存入指令寄存器 *IR*。

将信号 *C – I* 和电平开关 *S1* 连接，这样通过拨动开关 *S1* 可以改变 *C – I* 的值。

将信号 *Z – I* 和电平开关 *S2* 连接，这样通过拨动开关 *S2* 可以改变 *Z – I* 的值。

将单微指令开关 *DP* 拨到朝上位置，使 TEC – 6G 模型计算机处于单微指令运行状态。

将控制器转换开关设置为微程序状态，使用微程序控制器产生的控制信号对 TEC – 6G 模型计算机进行控制。

（2）打开电源。下述步骤中，信号指示灯亮代表对应信号为 1，信号指示灯灭代表对应信号为 0。实验时要对照图 3 – 4 – 5 的微程序流程图观察看每一步骤相应信号的值。

（3）基本时序信号测试

TEC – 6G 计算机组成原理实验系统的实验开始之前，应先检测基本时序信号 *T1*、*T2*、*T3* 是否正常。使用逻辑笔可以完成 *T1*、*T2*、*T3* 信号的测试。测试方法如下：

a. 将逻辑笔的一端插入 TEC – 6G 计算机组成原理实验系统实验台上"逻辑笔"上面的插孔中，另一端插入"*T1*"上方的插孔中。

b. 将单微指令开关 *DP* 拨到向上位置，使 TEC – 6G 模型计算机处于单微指令运行方式。

c. 按复位按钮 *CLR*，使时序信号发生器复位。

d. 按逻辑笔框内的 *Reset* 按钮，使逻辑笔上的脉冲计数器复位，2 个黄灯 *D1*、*D0* 均灭。

e. 按一次启动按钮 *QD*，这时指示灯 *D1D0* 的状态应为 01*B*，指示产生了一个 *T1* 脉冲；如果再按一次 *QD* 按钮，则指示灯 *D1*、*D0* 的状态应当为 10*B*，表示又产生了一个 *T1* 脉冲；继续按 *QD* 按钮，可以看到在单周期运行方式下，每按一次 *QD* 按钮，就产生一个 *T1* 脉冲。

f. 用同样的方法测试 *T2*、*T3*。

2. 追踪 *ADD* 指令的执行。

（1）设置操作模式。此步骤的目的是设置启动程序运行模式。具体步骤如下：

a. 按一次复位按钮 *CLR*；

指示灯和信号状态为：

微地址指示灯 $\mu A5 - \mu A0$ 显示 $00H$；

程序计数器 PC 复位到 $00H$，指示灯 $PC7 - PC0$ 显示 $00H$，表示将从地址 $00H$ 的存储器单元取出程序的第一条指令；

判断位 $P4 = 1$，表示下面将要执行的微程序根据操作模式开关进行分支。

b. 将操作模式开关设置为 $SWC = 0$、$SWB = 0$、$SWA = 0$，即准备进入启动程序运行模式。

c. 按一次 QD 按钮，进入下一步。

（2）设置 ADD 指令代码。此步骤的目的是在数据开关 $SD7 - SD0$ 上设置 ADD 指令代码，完成取指令。

此时指示灯和信号状态为：

微地址指示灯 $\mu A5 - \mu A0$ 显示 $01H$。

控制信号 $SELAR = 0$，表示选择 $PC7 - PC0$ 作为存储器地址 $ADR7 - ADR0$。

信号 $RAMBUS = 1$、$LRW = 0$、$LIR = 1$，表示从存储器中读指令到指令寄存器 IR。

信号 $PCINC = 1$，表示本微指令执行结束后指令计数器 PC 加 1，为取下一条指令做准备。

具体操作步骤如下：

a. 在数据开关 $SD7 - SD0$ 上设置 $01H$，这是一条 "ADD $R0$，$R1$" 指令；

b. 按一次 QD 按钮，进入下一步。

需要指出的是，在本实验中，追踪的是各种指令的执行过程中控制信号状态，不涉及指令操作数，因此在数据开关 $SD7 - SD0$ 上只要正确设置 $SD7 - SD4$ 为 $0000B$ 就行，$SD3 - SD0$ 可以随便设置。

判断位 $P2 = 1$ 表示将根据指令操作码 $IR7 - IR4$ 进行微程序分支。

（3）执行指令。此步骤的目的是执行 ADD 指令。

微地址指示灯显示 $10H$。

程序计数器 $PC7 - PC0$ 指示灯显示 $01H$，表示下一条指令从地址为 $01H$ 的存储器单元中取出。

信号 $M = 0$、$S3 = 1$、$S2 = 0$、$S1 = 0$、$S0 = 1$ 表示进行加法运算。

$ALUBUS = 1$ 表示将运算后的 "和" 传送到数据总线 $DBUS$ 上，

$LR = 1$ 表示将 "和" 从数据总线 $DBUS$ 上写入目标寄存器 $R0$。

信号 $LDC = 1$ 表示将加法得到的进位 C 保存。

信号 $LDZ = 1$ 表示将加运算后的结果为 0 标志保存。

判断位 $P4 = 1$ 表示下一条微指令将根据操作模式开关 SWB、SWA 分支。

3. 追踪其他指令的执行。

（1）仿照步骤 2 对其他种指令的执行进行追踪，记下有关的控制信号。

（2）注意 ST 指令、JC 指令、JZ 指令中需要的步骤是 4 步不是 3 步。

（3）对于 JC 指令，$C = 1$ 的执行情况追踪 1 次，$C = 0$ 的执行情况追踪 1 次。

（4）对于 JZ 指令，$Z = 1$ 的执行情况追踪 1 次，$Z = 0$ 的执行情况追踪 1 次。

五、实验要求

1. 实验准备要求。按实验要求准备实验，并填写表 3 - 4 - 4 实验准备观察、记录表。

表 3 - 4 - 4　　　　　　　　　　实验准备观察、记录

信号连线	硬布线指示灯	电源指示灯
时序信号 T1 测试		
时序信号 T2 测试		
时序信号 T3 测试		

信号	ALUBUS	RAMBUS	SWBUS	C	Z
记录					
是否有效					
功能					

2. 实验过程要求。记录实验中每一步骤有关信号的变化，填写表 3 - 4 - 5 实验步骤观察、记录和分析表。并解释表中各信号在每一步中的作用。

表 3 - 4 - 5　　　　　　　　　　实验步骤观察、记录和分析

信号	*ALUBUS*	*RAMBUS*	*SWBUS*	*SELAR*	*PCINC*	*LRW*	*LIR*
记录							
是否有效							
功能							
信号	*LR*	*M*	*S3*	*S2*	*S1*	*S0*	*LDC*
记录							
是否有效							
功能							
信号	*LDZ*	*P4*	*P2*				
记录							
是否有效							
功能							

信号	*ALUBUS*	*RAMBUS*	*SWBUS*	*SELAR*	*PCINC*	*LRW*	*LIR*
指示灯	$\mu A5 - \mu A0$	*C*	*Z*				
记录							
是否有效							
功能							
指示灯	$\mu A5 - \mu A0$	*PC7 - PC0*	*A*				
记录							
是否有效							
功能							
开关	*SD7 - SD0*	*SWC*	*SWB*	*SWC*			
记录							
是否有效							
功能							

3. 实验电路分析要求。结合图 3 - 4 - 7 微程序控制器电路图, 试说明在 TEC - 6G 计算机组成原理实验系统中微程序控制器是如何实现控制功能的。

4. 实验报告要求。整理实验原始数据、分析实验结果、完成实验报告。

思 考 题

LD 指令执行的过程中, 微地址为 15*H* 时, 为什么信号 *PCINC* = 1?

硬布线控制器

一、实验目的

1. TEC – 6G 计算机组成原理实验系统中模型计算机的功能;
2. 了解微程序控制器和硬布线控制器实现方法的差别。

二、实验原理

硬布线控制器，是早期设计计算机的一种方法。这种控制器中的控制信号直接由各种类型的逻辑门和触发器等组合产生。这样，一旦控制部件构成后，除非重新设计和物理上对它重新连线，否则要想增加新的功能是不可能的。结构上的这种缺陷使得硬布线控制器的设计和调试变得非常复杂而且代价很大。所以，硬布线控制器曾一度被微程序控制器所取代。但是随着新一代机器及 *VLSI* 技术的发展，这种控制器又得到了重视，如 *RISC* 机广泛使用这种控制器。

1. 硬布线控制器流程。TEC –6G 计算机组成原理实验系统的硬布线控制器由 1 片 *EPM*3128 芯片和控制电路组成。EPM3128 芯片采用 144 引脚的 *TQFP* 封装，安装在一块小板上，插在实验台上。TEC –6G 计算机组成原理实验系统的硬布线控制器流程图如图 3 –5 –1 所示。

2. 硬布线控制器和微程序控制器的区别。在 TEC – 6G 计算机组成原理实验系统的模型计算机中，硬布线控制器产生的控制信号和微程序控制器产生的控制信号相同。除此之外，硬布线控制器和微程序控制器还有下列不同:

（1）在微程序控制器中，一条指令通过若干条微指令完成；在硬布线控制器中，一条指令通过若干机器周期完成。具体到 TEC – 6G 模型计算机，除了时序信号 $T1$、$T2$、$T3$ 外，还产生 3 个机器周期信号 $W1$、$W2$、$W3$，用于产生完成一条指令或者控制台操作需要的控制信号。机器周期时序图如图 3 –5 –2 所示。

（2）在微程序控制器中，执行一条指令所需的微指令条数可以不受限制，而在硬布线控制器中，为了硬件设计简单经常采用固定机器周期，TEC –6G 模型计算机中采用的就是固定机器周期 $W1$、$W2$、$W3$。硬布线控制器中，为了提高执行速度，设计了一个内部信号 *SKIP*。在 $W1$ 机器周期中，如果出现了信号 *SKIP*，则机器周期产生电路跳过机器周期 $W2$ 直接产生 $W3$。

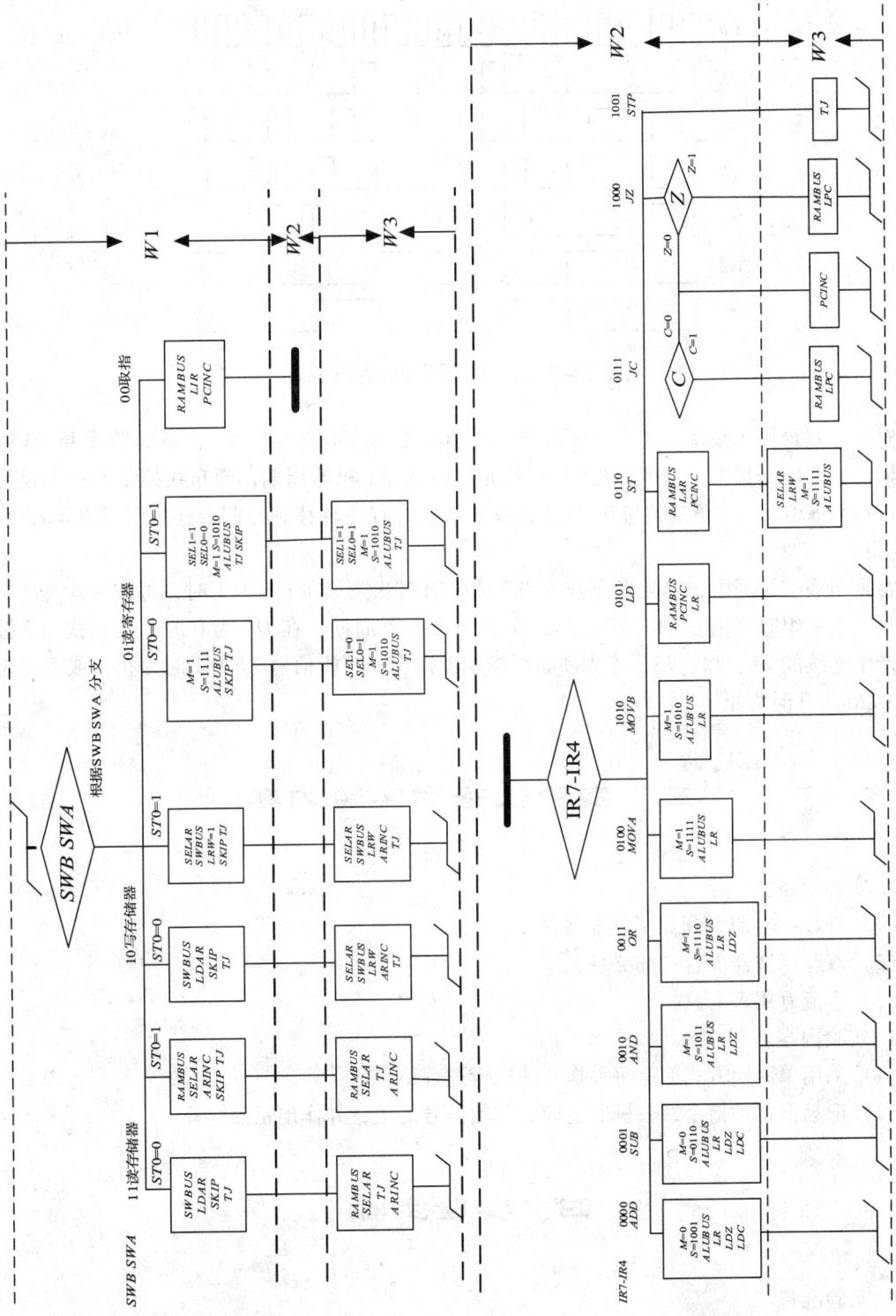

图3-5-1 硬布线控制器流程

SWB SWA

W1 W2 W3 W2 W3

SWB SWA

根据SWB SWA分支

11读存储器 10写存储器 01读寄存器 00取指

STO=0
SWBUS
LDAR
SKIP
TJ

STO=1
RAMBUS
SELAR
ARINC
SKIP TJ

STO=0
SWBUS
LDAR
SKIP
TJ

STO=1
SELAR
SWBUS
LRW=1
SKIP TJ

STO=0
M=1
S=1111
ALUBUS
SKIP TJ

STO=1
SEL1=1
SEL0=0
M=1,S=1010
ALUBUS
TJ SKIP

RAMBUS
LIR
PCINC

RAMBUS
SELAR
TJ
ARINC

SELAR
SWBUS
LRW
ARINC
TJ

SELAR
SWBUS
LRINC
ARINC
TJ

SEL1=0
SEL0=1
M=1
S=1010
ALUBUS
TJ

SEL1=1
SEL0=1
M=1
S=1010
ALUBUS
TJ

IR7-IR4

0000
ADD
M=1001
S=1001
ALUBUS
LR
LDZ
LDC

0001
SUB
M=0
S=0110
ALUBUS
LR
LDZ
LDC

0010
AND
M=1
S=1011
ALUBUS
LR
LDZ

0011
OR
M=1
S=1110
ALUBUS
LR
LDZ

0100
MOVA
M=1
S=1111
ALUBUS
LR

0101
MOVB
M=1
S=1010
ALUBUS
LR

0101
LD
RAMBUS
PCINC
LR

0110
ST
RAMBUS
LAR
PCINC

SELAR
LRW
M=1
S=1111
ALUBUS

0111
JC
C

C=0
PCINC

C=1
RAMBUS
LPC

1000
JZ
Z

Z=0
PCINC

Z=1
RAMBUS
LPC

1001
STP
TJ

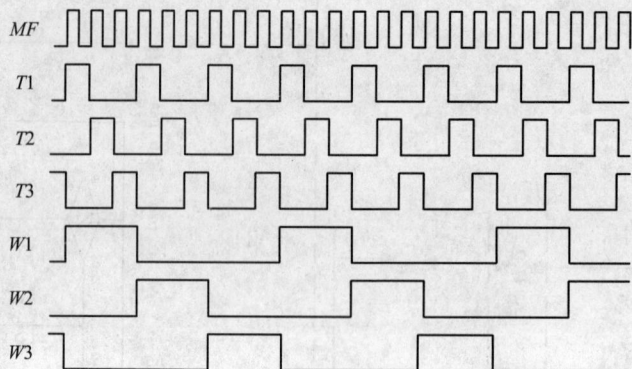

图 3 – 5 – 2　机器周期时序图

对于控制台操作来说，为了完成指定的功能需要经过不止一个 W1 机器周期或者 W3 机器周期。为了区分是第一个 W1 机器周期还是后续的 W1 机器周期，硬布线控制器内部设计了一个信号 ST0。当按下复位按钮 CLR 后或者从执行程序转移到控制台操作时 ST0 = 0，在 W3 结束后，ST1 = 1。

在硬布线控制器中，单微指令开关 DP 是单周期开关。在 DP 为 1 时，每按一次 QD 按钮，只产生一组时序信号 T1、T2、T3，完成一个机器周期。在 DP 为 0 时，按一次 QD 按钮，产生连续的 T1、T2、T3，直到硬布线控制器产生的停机信号 TJ 为 1 时为止，或者复位信号 CLR# 为 0 时为止。

三、实验设备和实验内容

1. 实验设备。
(1) TEC – 6G 计算机组成实验系统 1 台；
(2) 双踪示波器 1 台（非必备）；
(3) 直流万用表 1 只。
2. 实验内容。
(1) 采用单周期方式追踪每种指令的执行过程；
(2) 记录下每种指令每一机器周期的控制信号的值，并作出正确解释。

四、实验步骤

1. 实验准备。
(1) 信号连接。在 TEC – 6G 计算机组成原理实验系统的实验台上，构成完整的 TEC – 6G 模型计算机。信号连接如下：
信号 SWBUS# – I 和电平开关 S0 连接，开关 S0 拨到向下位置；

信号 $ALUBUS\#-I$、$RAMBUS\#-I$ 和电平开关 $S5$ 连接，将开关 $S5$ 拨到朝上位置；此时，$RAMBUS\#-I=1$、$ALUBUS\#-I=1$、$SWBUS\#-I=0$，禁止存储器和运算器中的数放到数据总线 $DBUS$ 上，使得数据开关 $SD7-SD0$ 上的数据在取指周期代替从存储器中读出的指令存入指令寄存器 IR。

信号 $C-I$ 和电平开关 $S1$ 连接，这样通过拨动开关 $S1$ 可以改变 $C-I$ 的值；

信号 $Z-I$ 和电平开关 $S2$ 连接，这样通过拨动开关 $S2$ 可以改变 $Z-I$ 的值；

单周期开关 DP 拨到朝上位置，使模型计算机处于单周期运行状态；

将控制器转换开关设置为硬布线状态，使用硬布线控制器产生的控制信号对模型计算机数据通路进行控制。

（2）打开电源。下述步骤中，信号指示灯亮代表对应信号为 1，信号指示灯灭代表对应信号为 0。实验时要对照图 3-5-1 的硬布线流程图观察看每一步骤相应信号的值。

（3）基本时序信号测试。TEC-6G 计算机组成原理实验系统的实验开始之前，应先检测基本时序信号 $T1$、$T2$、$T3$ 是否正常。使用逻辑笔可以完成 $T1$、$T2$、$T3$ 信号的测试。测试方法如下：

a. 将逻辑笔的一端插入 TEC-6G 计算机组成原理实验系统实验台上"逻辑笔"上面的插孔中，另一端插入"$T1$"上方的插孔中。

b. 将单微指令开关 DP 拨到向上位置，使 TEC-6G 模型计算机处于单微指令运行方式。

c. 按复位按钮 CLR，使时序信号发生器复位。

d. 按逻辑笔框内的 Reset 按钮，使逻辑笔上的脉冲计数器复位，2 个黄灯 $D1$、$D0$ 均灭。

e. 按一次启动按钮 QD，这时指示灯 $D1D0$ 的状态应为 $01B$，表示产生了一个 $T1$ 脉冲；如果再按一次 QD 按钮，则指示灯 $D1$、$D0$ 的状态应当为 $10B$，表示又产生了一个 $T1$ 脉冲；继续按 QD 按钮，可以看到在单周期运行方式下，每按一次 QD 按钮，就产生一个 $T1$ 脉冲。

f. 用同样的方法测试 $T2$、$T3$。

2. 追踪 ADD 指令的执行。

（1）设置启动程序运行模式。按一次复位按钮 CLR。

程序计数器 PC 复位到 $00H$，指示灯 $PC7-PC0$ 显示 $00H$，表示将从地址 $00H$ 的存储器单元取出程序的第一条指令。

设置操作模式开关为 $SWC=0$、$SWB=0$、$SWA=0$，准备进入启动程序运行模式。

按一次 QD 按钮，进入下一步。

（2）设置 ADD 指令代码。用数据开关 $SD7-SD0$ 上设置 ADD 指令代码，完成取指令。

$W1$ 指示灯亮，表示处于 $W1$ 周期。

控制信号 $SELAR=0$，表示选择 $PC7-PC0$ 作为存储器地址 $ADR7-ADR0$。

信号 $RAMBUS=1$，$LRW=0$，$LIR=1$，表示从存储器中读指令到指令寄存器 IR。

信号 $PCINC=1$，表示 $W1$ 周期执行结束后指令计数器 PC 加 1，为取下一条指令做准备。

用数据开关 $SD7-SD0$ 上设置 $01H$，这是一条"$ADDR0，R1$"指令，

按一次 QD 按钮，进入下一步。

需要指出的是，在本实验中，追踪的是各种指令的执行过程中控制信号状态，不涉及指令操作数，因此在数据开关 $SD7-SD0$ 上只要正确设置 $SD7-SD4$ 为 $0000B$ 就行，$SD3-SD0$

可以随便设置。

（3）执行 ADD 指令。W2 指示灯亮，表示处于 W2 周期。

程序计数器指示灯 PC7 – PC0 显示 01H，表示下一条指令从地址为 01H 的存储器单元中取出。

信号 $M=0$、$S3=1$、$S2=0$、$S1=0$、$S0=1$ 表示进行加法运算。$ALUBUS=1$ 表示将运算后的"和"传送到数据总线 DBUS 上；

信号 $LR=1$ 表示将"和"从数据总线 DBUS 上写入目标寄存器 R0；

信号 $LDC=1$ 表示将加法得到的进位 C 保存；

信号 $LDZ=1$ 表示将加运算后的结果为 0 标志保存。

按一次 QD 按钮，进入下一步。

（4）空操作。W3 指示灯亮，表示处于 W3 周期。

由于执行 ADD 指令只需 W1、W2 两个周期，因此 W3 周期属于无用周期。将 ADD 指令等若干指令设计成占用 3 拍是为了使硬件设计简单。

3. 追踪其他种指令的执行。

（1）仿照步骤 2 对其他种指令的执行进行追踪，记下有关的控制信号。

（2）注意 ST 指令、JC 指令、JZ 指令中需要的步骤是 3 个周期而不是 2 个周期。

（3）对于 JC 指令，$C=1$ 的执行情况追踪 1 次，$C=0$ 的执行情况追踪 1 次。

（4）对于 JZ 指令，$Z=1$ 的执行情况追踪 1 次，$Z=0$ 的执行情况追踪 1 次。

五、实验要求

1. 实验准备要求。按实验要求准备实验，并填写表 3 – 5 – 1 实验准备观察、记录表。

表 3 – 5 – 1　　　　　　　　　　　　实验准备观察、记录

信号连线	硬布线指示灯	电源指示灯
时序信号 T1 测试		
时序信号 T2 测试		
时序信号 T3 测试		

信号	ALUBUS	RAMBUS	SWBUS	C	Z
记录					
是否有效					
功能					

2. 实验过程要求。记录实验中每一步骤有关信号的变化，填写表 3 – 5 – 2 实验步骤观察、记录和分析表。并解释表中各信号在每一步中的作用。

3. 实验电路分析要求。结合图 3 – 5 – 1 硬布线控制器流程图，试说明在 TEC – 6G 计算机组成原理实验系统中硬布线控制器是如何实现控制功能的。

4. 实验报告要求。整理实验原始数据、分析实验结果、完成实验报告。

表 3 – 5 – 2　　　　　　　　　　实验步骤观察、记录和分析

信号	ALUBUS	RAMBUS	SWBUS	SELAR	PCINC	LRW	LIR
记录							
是否有效							
功能							
信号	LR	M	S3	S2	S1	S0	LDC
记录							
是否有效							
功能							
信号	LDZ	P4	P2				
记录							
是否有效							
功能							
指示灯	$\mu A5 - \mu A0$	C	Z				
记录							
是否有效							
功能							
指示灯	$\mu A5 - \mu A0$	PC7 – PC0	A				
记录							
是否有效							
功能							
开关	SD7 – SD0	SWC	SWB	SWC			
记录							
是否有效							
功能							

思考题

1. 在 ADD 等只需 2 个周期的指令执行的过程中，为什么信号 SKIP 不能为 1 跳过 W2 而节省 1 个周期？

2. 硬布线控制器流程图和微程序流程图有何异同？

微程序控制器模型计算机测试综合实验

一、实验目的

1. 通过测试程序的运行，进一步掌握机器指令与微指令的关系；

2. 掌握 TEC – 6G 模型计算机（微程序控制器）运行测试程序步骤，从而掌握使用微程序控制器的简单计算机的基本工作原理；

3. 通过运行测试程序，验证 TEC – 6G 模型计算机（微程序控制器）设计的正确性；

4. 结合以前所做的实验，掌握基于微程序控制器的模型计算机的设计思路和设计方法。

二、实验原理

这是一个综合实验。将前面实验中用到的 TEC – 6G 模型计算机各个部件组装在一起构成一台能运行测试程序的微程序控制器模型计算机。

测试程序将执行如下操作：

（1）使用实验台的写存储器操作将测试程序写入存储器中；

（2）使用读存储器操作将测试程序读出；

（3）检查写入存储器中的测试程序是否正确。如果发现错误，则需使用写存储器操作改正错误，这时只需改掉错误的部分，不需要从地址 00H 重新写入测试程序；

（4）运行测试程序。

1. 写存储器操作。此模式用于向存储器中写入测试程序。

具体操作如下：

（1）按复位按钮 CLR，使 TEC – 6G 模型计算机处于初始状态；

（2）设置 SWC = 0、SWB = 1、SWA = 0；

（3）按 QD 按钮一次，控制台指示灯亮，进入写存储器操作；

（4）在数据开关 SD7 – SD0 上设置存储器地址（通过数据总线指示灯 D7 – D0 可以检查

地址是否正确）；

（5）按 QD 按钮一次，将存储器地址写入地址寄存器。地址寄存器指示灯 AR7 - AR0 显示当前存储器地址；

（6）在数据开关设置需要写入的指令（通过数据总线指示灯 D7 - D0 可以检查指令是否正确）；

（7）按 QD 按钮一次，将指令写入存储器。写入指令后，从存储器地址指示灯 AR7 - AR0 上可以看到地址寄存器自动加 1；

（8）在数据开关上设置下一条指令；

（9）按 QD 按钮一次，将第 2 条指令写入存储器；

（10）重复（8）~（9）步骤，直到将测试程序全部写入存储器。

2. 读存储器操作。此模式一个作用是检查写入存储器中的程序是否正确，另一个作用是在程序执行的过程中检查程序执行的结果是否正确。

对于检查写入存储器中的程序是否正确，具体操作如下：

（1）按复位按钮 CLR，使 TEC - 6G 模型计算机处于初始状态；

（2）设置 SWC = 0、SWB = 1、SWA = 1；

（3）按 QD 按钮一次，控制台指示灯亮，进入读存储器操作；

（4）在数据开关 SD7 - SD0 上设置存储器地址（通过数据总线指示灯 D7 - D0 可以检查地址是否正确）；

（5）按 QD 按钮一次，地址寄存器指示灯 AR7 - AR0 上显示出当前存储器地址，在数据总线指示灯上显示出指令；

（6）按一次 QD 按钮，则在指示灯 AR7 - AR0 上显示出下一个存储器地址，在指示灯 D7 - D0 上显示出下一条指令；

（7）重复（6）步骤，直到程序全部检查完毕。

3. 启动程序运行操作。当测试程序已经写入存储器后，将要进行启动程序运行的操作，具体操作如下：

（1）按复位按钮 CLR，使模型计算机复位；

（2）设置 SWC = 0、SWB = 0、SWA = 0；

（3）按一次启动按钮 QD，则启动测试程序从地址 00H 运行。

如果单微指令开关 DP = 1，那么每按一次 QD 按钮，执行一条微指令；连续按 QD 按钮，直到测试程序结束。

如果单微指令开关 DP = 0，那么测试程序一直运行到停机指令 HALT 为止；

如果测试程序不以停机指令 HALT 结束，测试程序将无限运行下去，结果不可预知。

4. 读寄存器操作。该模式和单微指令（DP = 1）方式结合使用，能够在每条指令执行结束后查看寄存器的值。运行在单微指令方式时，在一条指令执行结束前，将操作模式开关设置为 SWC = 0、SWB = 0、SWA = 1，则该指令执行结束后控制台指示灯亮，转入读寄存器模式。通过按动 QD 按钮，则指示灯 D7 - D0 依次显示出寄存器 R0、R1、R2 和 R3 的值。其中微地址指示灯 μA5 - μA0 显示 03H 时，显示 R0；μA5 - μA0 显示 04H 时，显示 R1；μA5 - μA0 显示 06H 时，显示 R2；μA5 - μA0 显示 02H 时，显示 R3。寄存器的值显示结束前（如 μA5 - μA0 显示 02H 时），如果将模式开关设置为 SWC = 0、SWB = 0、SWA = 0，则读寄存器结束后，控制台指示灯灭，执行下一条指令。如果程序执行时采用连续运行（DP =0），则在程序程序执行结束后，按一次复位按钮 CLR，然后设置 SWC = 0、SWB = 0、SWA = 1，然后按 QD 按钮，也可以进入读寄存器模式。

程序执行过程中检查执行的结果，必须以单周期方式（DP = 1）运行时才有效。在一条指令执行结束前（可对照图 3 - 4 - 5 微程序流程图确定），将模式开关由 SWC = 0、SWB = 0、SWA = 0（启动程序运行模式），改为 SWC = 0、SWB = 1、SWA = 1（读存储器模式），并在数据开关 SD7 - SD0 上设置存储器地址，则在本条指令执行结束后进入读存储器模式，在检查最后一个存储器中的结果之前将模式开关设置为 SWC = 0、SWB = 0、SWA = 0（启动程序运行模式），则检查最后一个存储器结果后转入启动程序运行模式执行下一条指令。

如果在程序执行过程中需要同时检查存储器内容和寄存器的值，那么只要在前一个模式结束前设置好下一个模式就行。读存储器模式和读寄存器模式没有先后次序的要求。

三、实验设备和实验内容

1. 实验设备。
(1) TEC - 6G 计算机组成实验系统 1 台；
(2) 双踪示波器 1 台（非必备）；
(3) 直流万用表 1 只。
2. 实验内容。
(1) 运行程序 1 测试运算指令。将程序 1 翻译成二进制格式，写入存储器，检查正确后，使用单微指令方式和连续方式各运行一次。在单微指令方式运行时，每条指令执行后检查执行结果。在连续方式运行时，程序 1 运行结束后检查运行结果。

程序 1 如下：

start（00H）:	LD	R0，#95H
	LD	R1，#34H
	ADD	R0，R1
	SUB	R0，R1
	MOVA	R3，R0
	LD	R0，#0AAH
	LD	R2，#55H
	OR	R0，R2
	AND	R0，R2
	HALT	

(2) 运行程序 2 测试存储器读写指令。将程序 2 翻译成二进制格式，写入存储器，检查正确后，使用单微指令方式和连续方式各运行一次。在单微指令方式运行时，每条指令执行后检查执行结果。在连续方式运行时，程序 2 运行结束后检查运行结果。

程序 2 如下：

start（00H）:	LD	R0，#95H

LD	R1, #34H	
LD	R2, #22H	
LD	R3, #23H	
ST	R0, 14H	
MOVB	R0, R1	
ST	R0, 15H	
MOVB	R0, R2	
ST	R0, 16H	
MOVB	R0, R3	
ST	R0, 17H	
HALT		

（3）运行程序 3 测试条件转移指令。将程序 3 翻译成二进制格式，写入存储器，检查正确后，使用单微指令方式和连续方式各运行一次。在单微指令方式运行时，每条指令执行后检查执行结果。在连续方式运行时，程序 3 运行结束后检查运行结果。

程序 3 如下：

start（00H）：	LD	R0, #95H
	LD	R1, #0A4H
	ADD	R0, R1
	JC	S2
S1：	LD	R0, #0AAH
	LD	R2, #55H
	AND	R0, R2
	JZ	S3
S2：	JC	S1
	MOVA	R3, R0
	MOVA	R1, R0
S3：	HALT	

四、实验步骤

1. 实验准备。

（1）信号连接。在 TEC – 6G 计算机组成原理实验系统的实验台上，构成完整的 TEC – 6G 模型计算机。信号连接如下：

信号 SWBUS# – O 和信号 SWBUS# – I 连接；

信号 ALUBUS# – O 和信号 ALUBUS# – I 连接；

信号 RAMBUS# – O 和信号 RAMBUS# – I 连接；

信号 C – O 和信号 C – I 连接；

信号 Z – O 和信号 Z – I 连接。

将控制器转换开关设置为微程序状态，使用微程序控制器构成的 TEC – 6G 模型计算机。

（2）打开电源。下述步骤中，信号指示灯亮代表对应信号为 1，信号指示灯灭代表对应信号为 0。实验时要对照图 3 – 4 – 5 的微程序流程图观察看每一步骤相应信号的值。

（3）基本时序信号测试。TEC – 6G 计算机组成原理实验系统的实验开始之前，应先检测基本时序信号 $T1$、$T2$、$T3$ 是否正常。使用逻辑笔可以完成 $T1$、$T2$、$T3$ 信号的测试。测试方法如下：

a. 将逻辑笔的一端插入 TEC – 6G 计算机组成原理实验系统实验台上"逻辑笔"上面的插孔中，另一端插入"$T1$"上方的插孔中。

b. 将单微指令开关 DP 拨到向上位置，使 TEC – 6G 模型计算机处于单微指令运行方式。

c. 按复位按钮 CLR，使时序信号发生器复位。

d. 按逻辑笔框内的 Reset 按钮，使逻辑笔上的脉冲计数器复位，2 个黄灯 $D1$、$D0$ 均灭。

e. 按一次启动按钮 QD，这时指示灯 $D1D0$ 的状态应为 $01B$，表示产生了一个 $T1$ 脉冲；如果再按一次 QD 按钮，则指示灯 $D1$、$D0$ 的状态应当为 $10B$，表示又产生了一个 $T1$ 脉冲；继续按 QD 按钮，可以看到在单周期运行方式下，每按一次 QD 按钮，就产生一个 $T1$ 脉冲。

f. 用同样的方法测试 $T2$、$T3$。

2. 追踪程序 1 测试运算指令。

（1）将程序 1 编译成二进制代码形式。程序 1 编译成二进制代码形式如下：

地址	二进制编码	指令	
00H	01010000	LD	R0，#95H
01H	10010101		
02H	01010100	LD	R1，#34H
03H	00110100		
04H	00000001	ADD	R0，R1
05H	00010001	SUB	R0，R1
06H	01011100	MOVA	R3，R0
07H	01010000	LD	R0，#0AAH
08H	10101010		
09H	01011000	LD	R2，#55H
0AH	01010101		
0BH	00110010	OR	R0，R2
0CH	00100010	AND	R0，R2
0DH	10010000	HALT	

（2）将程序 1 写入存储器。

a. 设置操作模式。此操作的目的是将操作模式设置为存储器写入模式。具体操作及各指示灯情况如下：

按复位按钮 CLR，使 TEC – 6G 模型计算机复位。

设置操作开关 $SWC = 0$、$SWB = 1$、$SWA = 0$，准备进入写存储器模式。

按一次 QD 按钮，控制台指示灯亮，进入写存储器模式。

微地址指示灯 $\mu A5 - \mu A0$ 显示 $05H$。

b. 设置程序起始地址。此操作的目的是设置程序计数器的初值为 00H，即设置程序的起始地址 00H。具体操作及各指示灯情况如下：

数据开关 $SD7 - SD0$ 设置数据为 00H。这个数据作为程序 1 的起始地址；

按一次 QD 按钮。

微地址指示灯 $\mu A5 - \mu A0$ 显示 08H；

地址寄存器指示灯 $AR7 - AR0$ 显示 00H；这是程序 1 的起始地址；

c. 将指令的第一个字写入 00H 存储单元。此操作的目的是将程序 1 的第一条指令的第一个字 50H 写入地址为 00H 存储单元（程序起始地址位置）。具体操作及各指示灯情况如下：

将数据开关 $SD7 - SD0$ 设置为 01010000B（50H），这是第一条指令的第一个字；

按一次 QD 按钮，将 50H 写入地址为 00H 的存储器单元。

微地址指示灯仍 $\mu A5 - \mu A0$ 显示 08H，地址寄存器指示灯 $AR7 - AR0$ 显示 01H。

d. 将指令的第二个字及以后的各指令字写入相应的存储单元。

此操作的目的是将程序 1 的第一条指令的第二个字 95H 写入地址为 01H 存储单元；将以后的各指令字写入相应的存储单元。具体操作及各指示灯情况如下：

将数据开关 $SD7 - SD0$ 设置为 10010101（95H），这是第一条指令的第二个字；

按一次 QD 按钮，将 95H 写入地址为 01H 的存储器单元。

一直继续下去……

直到指示灯 $AR7 - AR0$ 显示 0EH 为止。

按复位按钮 CLR，结束写入程序 1 操作。

（3）检查存储器中的程序 1。此操作的目的是检查存储器中的程序 1 是否写得正确。具体操作及各指示灯情况如下：

a. 设置操作模式。此操作的目的是将操作模式设置为存储器读出模式。具体操作及各指示灯情况如下：

按复位按钮 CLR，使模型计算机复位；

设置操作开关 $SWC = 0$、$SWB = 1$、$SWA = 1$，准备进入读存储器模式；

按一次 QD 按钮，控制台指示灯亮，进入读存储器模式。

微地址指示灯 $\mu A5 - \mu A0$ 显示 07H。

b. 设置程序起始地址并读出其存储的数据。此操作的目的是设置程序计数器的初值为 00H，即设置程序的起始地址为 00H，并读出其存储的数据。具体操作及各指示灯情况如下：

将数据开关上 $SD7 - SD0$ 设置为 00H 作为程序 1 起始地址；

按一次 QD 按钮；

微地址指示灯 $\mu A5 - \mu A0$ 显示 0BH；地址寄存器指示灯 $AR7 - AR0$ 显示 00H；数据总线指示灯 $D7 - D0$ 应为 50H。

c. 读出以后各连续存储单元的数据。此操作的目的是读出 01H 存储单元，及之后各连续存储单元中的数据。具体操作及各指示灯情况如下：

按一次 QD 按钮；

微地址指示灯 $\mu A5 - \mu A0$ 仍显示 0BH，地址寄存器指示灯 $AR7 - AR0$ 显示 01H，数据总

线指示灯 $D7-D0$ 应显示 $95H$。

按一次 QD 按钮，检查地址为 $02H$ 的存储器单元内容。

一直继续下去……

直到地址寄存器指示灯 $AR7-AR0$ 显示出 $0DH$ 为止。

d. 结束检查。按复位按钮 CLR，结束检查操作。

如果在检查中没有发现错误，进入下一步。如果检查出错误，则需要使用写存储器操作改正错误的地方后再进入下一步。

（4）在单微指令方式下执行测试测序 1。

a. 设置操作模式。此操作的目的是将操作模式设置为启动程序运行模式。具体操作及各指示灯情况如下：

按复位按钮 CLR，使 $TEC-6G$ 模型计算机处于初始状态。

程序计数器 PC 被复位到 $00H$，指示灯 $PC7-PC0$ 显示 $00H$；

微地址寄存器被复位到 $00H$，指示灯 $\mu A5-\mu A0$ 显示 $00H$；

判断位 $P4=1$，表示根据操作模式开关 SWB、SWC 进行微程序分支。

设置操作模式开关 $SWC=0$、$SWB=0$、$SWA=0$，准备进入启动程序运行模式；

b. 单步执行指令。设置单微指令开关 $DP=1$，处于单微指令运行状态；

按一次 QD，执行本条微指令。

微地址指示灯 $\mu A5-\mu A0$ 显示 $01H$。

此条微指令为取指微指令。

此时 $PC7-PC0=00H$，因此从存储器 0 单元读取程序的第 1 条指令到 IR。读指令后 PC 加 1，为从存储器中读下一条指令做准备。

判断位 $P2=1$，指示下面的微程序根据 $IR7-IR4$ 进行分支。

按一次 QD 按钮，执行本条微指令。

这时第一条指令的第一个字已经读到 IR 中，指示灯 $IR7-IR0$ 显示 $50H$，程序计数器 PC 已完成加 1 操作，指示灯 $PC7-PC0$ 显示 $01H$。

微地址指示灯 $\mu A5-\mu A0$ 显示 $15H$。

此条微指令以 PC 为存储器地址，从存储器中读一个数到一个寄存器中，具体寄存器由 $IR3$、$IR2$ 确定，在本指令中是 $R0$。执行完本条微指令后 $PC+1$。

判断位 $P4=1$，指示下面的微程序将根据操作模式开关 SWB、SWC 进行分支。

设置操作模式开关 $SWC=0$、$SWB=0$、$SWA=1$，处于读寄存器模式。

按一次 QD 按钮，执行本条微指令。

控制台指示灯亮，进入读寄存器模式。

这时第一条指令的第二个字已经读到 $R0$ 中，程序计数器已经完成了加 1 功能，$PC7-PC0$ 指示灯显示 $02H$。

微地址指示灯 $\mu A5-\mu A0$ 显示 $03H$。

本条微指令将 $R0$ 的值在数据总线指示灯 $D7-D0$ 上显示出来。这时可以看到 A 总线指示灯和数据总线指示灯都显示 $95H$。

按一次 QD 按钮。

微地址指示灯 $\mu A5-\mu A0$ 显示 $04H$。

本条微指令将 $R1$ 的值在数据总线指示灯 $D7 - D0$ 上显示出来。由于程序 1 还没有给 $R1$ 写入一个值，所以 $D7 - D0$ 显示的值是未定的。

按一次 QD 按钮，进入下一步。

微地址指示灯 $\mu A5 - \mu A0$ 显示 $06H$。

本条微指令将 $R2$ 的值在数据总线指示灯 $D7 - D0$ 上显示出来。由于程序 1 还没有给 $R2$ 写入一个值，所以 $D7 - D0$ 显示的值是未定的。

按一次 QD 按钮。

微地址指示灯 $\mu A5 - \mu A0$ 显示 $02H$。

本条微指令将 $R3$ 的值在数据总线指示灯 $D7 - D0$ 上显示出来。由于程序 1 还没有给 $R3$ 写入一个值，所以 $D7 - D0$ 显示的值是未定的。

判断位 $P4 = 1$，指示下面的微程序将根据操作模式开关 SWB、SWA 进行分支。

设置操作模式开关 $SWC = 0$、$SWB = 0$、$SWA = 0$，准备进入启动程序运行模式。

按一次 QD 按钮。

控制台指示灯灭，进入启动程序运行模式。

微地址指示灯 $\mu A5 - \mu A0$ 显示 $01H$。

此条微指令为取指微指令。程序计数器指示灯 $PC7 - PC0$ 显示 $02H$，故从存储器 2 单元读取第 2 条指令到 IR。读指令后 PC 加 1，为从存储器中读下一条指令做准备。

判断位 $P2 = 1$，指示下面的微程序根据 $IR7 - IR4$ 进行分支。按一次 QD 按钮，执行本条微指令。

按照上述的方法继续进行下去，直到程序 1 执行结束。在程序 1 执行过程中，对运算指令需要要记录进位 C 和结果为 0 标志的值。如果不需要每条指令执行后都检查执行结果，则不一定在每条指令执行结束前改变操作模式开关，这样就可以在一条指令执行结束后直接执行下一条指令。程序 1 执行结束后按 CLR 按钮，结束单微指令运行测试程序 1 操作。

（5）在连续方式下执行测序 1。由于程序 1 仍在存储器中，因此不需要重新写程序 1 到存储器中。

按 CLR 按钮，使模型计算机处于初始状态。程序计数器 PC 被复位到 $00H$，指示灯 $PC7 - PC0$ 显示 $00H$；微地址寄存器被复位到 $00H$。

指示灯 $\mu A5 - \mu A0$ 显示 $00H$。

设置操作模式开关 $SWC = 0$、$SWB = 0$、$SWA = 0$，准备进入启动程序运行模式；

设置单微指令开关 $DP = 0$，处于连续运行状态；

按一次 QD 按钮。

程序 1 将自动执行到程序结束，程序计数器指示灯 $PC7 - PC0$ 将显示 $0EH$。记录下进位 C 和结果为 0 标志的值。

使用读寄存器方式检查寄存器 $R0$、$R1$、$R2$ 和 $R3$ 的值。

3. 追踪程序 2 测试存储器读写指令。仿照步骤 2 追踪程序 2 的执行。需要注意如果一条指令改变了存储器的内容，则需要使用读存储器操作予以追踪。

4. 追踪程序 3 测试条件转移指令。仿照步骤 2 追踪程序 3 的执行。需要记录 PC 的变化，观察在程序 3 执行结束时，有无指令没有被执行。

五、实验要求

1. 实验准备要求。按实验要求准备实验，并填写表 3 – 6 – 1 实验准备观察、记录表。

表 3 – 6 – 1   实验准备观察、记录

信号连线		硬布线指示灯		电源指示灯
时序信号 $T1$ 测试				
时序信号 $T2$ 测试				
时序信号 $T3$ 测试				
信号	*ALUBUS*	*RAMBUS*	*SWBUS*	*C*	*Z*
记录					
是否有效					
功能					

2. 实验过程要求。追踪 3 个测试程序的执行过程，详细记录下每一步骤的执行结果。
3. 实验电路分析要求。从整体上叙述 TEC – 6G 微程序控制器模型计算机的工作原理。
4. 实验报告要求。整理实验原始数据、分析实验结果、完成实验报告。

思 考 题

1. 如果一条指令执行后需要察看执行结果，在取指微指令（微地址为 01H）改变操作模式开关行不行？为什么？
2. 在单微指令方式执行测试程序的过程中，拨动数据开关 SD7 – SD0 会不会对程序的执行结果产生影响，请说明理由。

硬布线控制器模型计算机测试综合实验

一、实验目的

（1）通过测试程序的运行，进一步掌握机器指令与机器周期的关系。

（2）掌握 TEC－6G 模型计算机（硬布线控制器）运行测试程序步骤，从而掌握使用微程序控制器的简单计算机的基本工作原理；

（3）通过运行测试程序，验证 TEC－6G 模型计算机（硬布线控制器）设计的正确性；

（4）结合以前所做的实验，掌握基于硬布线控制器的模型计算机的设计思路和设计方法。

二、实验原理

这是一个综合实验。将前面实验中用到的 TEC－6G 模型计算机各个部件组装在一起构成一台能运行测试程序的硬布线控制器模型计算机。

测试程序将执行如下操作：

（1）使用实验台的写存储器操作将测试程序写入到存储器中；

（2）使用读存储器操作将测试程序读出；

（3）检查写入到存储器中的测试程序是否正确。如果发现错误，则需使用写存储器操作改正错误，这时只需改掉错误的部分，不需要从地址 00H 重新写入测试程序；

（4）运行测试程序。

1. 写存储器操作。此模式用于向存储器中写入测试程序。首先按复位按钮 CLR，并置 SWC ＝0、SWB ＝1、SWA ＝0。按 QD 按钮一次，控制台指示灯亮，W1 指示灯亮，进入写存储器操作。在数据开关 SD7－SD0 上设置存储器地址（通过数据总线指示灯 D7－D0 可以检查地址是否正确）。按 QD 按钮一次，W3 指示灯亮，将存储器地址写入地址寄存器。地址寄存器指示灯 AR7－AR0 显示当前存储器地址。在数据开关设置被写的指令（通过数据总线指

示灯 $D7 - D0$ 可以检查指令是否正确）。按 QD 按钮一次，$W1$ 指示灯亮，将指令写入存储器。写入指令后，从地址指示灯 $AR7 - AR0$ 上可以看到存储器地址寄存器自动加 1。在数据开关上设置下一条指令，按 QD 按钮一次，将第 2 条指令写入存储器。这样一直继续下去，直到将测试程序全部写入存储器。

2. 读存储器操作。此模式一个作用是检查写入存储器中的程序是否正确，另一个作用是在程序执行的过程中检查程序执行的结果是否正确。

对于检查写入存储器中的程序是否正确，首先按复位按钮 CLR，使 TEC－6G 模型计算机处于初始状态。并置 $SWC = 0$、$SWB = 1$、$SWA = 1$。按 QD 按钮一次，控制台指示灯亮，$W1$ 指示灯亮，进入读存储器操作，在数据开关 $SD7 - SD0$ 上设置存储器地址（通过数据总线指示灯 $D7 - D0$ 可以检查地址是否正确）。按 QD 按钮一次，$W3$ 指示灯亮，地址寄存器指示灯 $AR7 - AR0$ 上显示出当前存储器地址，在数据总线指示灯上显示出指令。再按一次 QD 按钮，$W1$ 指示灯亮，则在指示灯 $AR7 - AR0$ 上显示出下一个存储器地址，在指示灯 $D7 - D0$ 上显示出下一条指令。一直操作下去，直到程序全部检查完毕。

3. 启动程序运行操作。当测试程序已经写入存储器后，按复位按钮 CLR，使 TEC－6G 模型计算机复位，程序计数器指示灯 $PC7 - PC0$ 显示 00H。设置 $SWC = 0$、$SWB = 0$、$SWA = 0$，按一次启动按钮 QD，控制台指示灯灭，$W1$ 指示灯亮，启动测试程序从地址 00H 运行。如果单周期开关 $DP = 1$，那么每按一次 QD 按钮，执行一个周期；连续按 QD 按钮，直到测试程序结束。如果单周期开关 $DP = 0$，那么测试程序一直运行到停机指令 $HALT$ 为止；如果测试程序不以停机指令 $HALT$ 结束，测试程序将无限运行下去，结果不可预知。

4. 读寄存器操作。该模式和单周期（$DP = 1$）方式结合使用，能够在每条指令执行结束后查看寄存器的值。运行在单周期方式时，在一条指令执行结束前，将操作模式开关设置为 $SWC = 0$、$SWB = 0$、$SWA = 1$，则该指令执行结束后转入读寄存器模式。通过按 QD 按钮，则在本条指令结束后依次在数据总线 $DBUS$ 上通过指示灯显示出寄存器 $R0$、$R1$、$R2$ 和 $R3$ 的值。控制台指示灯亮时，表示进入读寄存器操作。$W1$ 指示灯亮时，$D7 - D0$ 显示 $R0$；$W3$ 指示灯亮时，$D7 - D0$ 显示 $R1$；$W1$ 指示灯亮时，$D7 - D0$ 显示 $R2$；$W3$ 指示灯亮时，$D7 - D0$ 显示 $R3$。在寄存器的值显示结束前，如果将模式开关设置为 $SWC = 0$、$SWB = 0$、$SWA = 0$，则读寄存器结束后，执行下一条指令。进入执行下一条指令时，控制台指示灯灭。如果程序执行时采用连续运行（$DP = 0$），则在程序执行结束后，按一次复位按钮 CLR，设置 $SWC = 0$、$SWB = 0$、$SWA = 1$，按 QD 按钮，也可以进入读寄存器模式。

对于程序执行过程中检查执行的结果，必须在以单周期方式（$DP = 1$）运行时才有效。在一条指令执行结束前（可对照图 3－5－1 硬布线控制器流程确定），将模式开关由 $SWC = 0$、$SWB = 0$、$SWA = 0$（启动程序运行模式），改为 $SWC = 0$、$SWB = 1$、$SWA = 1$（读存储器模式），则在本条指令执行结束后进入读存储器模式，这时控制台指示灯亮。在检查最后一个存储器中的结果之前将模式开关设置为 $SWC = 0$、$SWB = 0$、$SWA = 0$（启动程序运行模式），则检查最后一个存储器结果后转入启动程序运行模式（控制台指示灯灭）执行下一条指令。

如果在程序执行过程中需要同时检查存储器内容和寄存器的值，那么只要在前一个模式结束前设置好下一个模式就行。读存储器模式和读寄存器模式没有先后次序。

三、实验设备和实验内容

1. 实验设备。
(1) TEC-6G 计算机组成实验系统 1 台；
(2) 双踪示波器 1 台（非必备）；
(3) 直流万用表 1 只。
2. 实验内容。
(1) 运行程序 1 测试运算指令。将程序 1 翻译成二进制格式，写入存储器，检查正确后，使用单周期方式和连续方式各运行一次。在单周期方式运行时，每条指令执行后检查执行结果。在连续方式运行时，程序 1 运行结束后检查运行结果。

程序 1 如下：

start （00*H*）：	*LD*	*R0*，#95*H*
	LD	*R1*，#34*H*
	ADD	*R0*，*R1*
	SUB	*R0*，*R1*
	MOVA	*R3*，*R0*
	LD	*R0*，#0*AAH*
	LD	*R2*，#55*H*
	OR	*R0*，*R2*
	AND	*R0*，*R2*
	HALT	

(2) 运行程序 2 测试存储器读写指令。将程序 2 翻译成二进制格式，写入存储器，检查正确后，使用单周期方式和连续方式各运行一次。在单周期方式运行时，每条指令执行后检查执行结果。在连续方式运行时，程序 2 运行结束后检查运行结果。

程序 2 如下：

start （00*H*）：	*LD*	*R0*，#95*H*
	LD	*R1*，#34*H*
	LD	*R2*，#22*H*
	LD	*R3*，#23*H*
	ST	*R0*，14*H*
	MOVB	*R0*，*R1*
	ST	*R0*，15*H*
	MOVB	*R0*，*R2*
	ST	*R0*，16*H*
	MOVB	*R0*，*R3*
	ST	*R0*，17*H*
	HALT	

（3）运行程序 3 条件测试转移指令。将程序 3 翻译成二进制格式，写入存储器，检查正确后，使用单周期方式和连续方式各运行一次。在单周期方式运行时，每条指令执行后检查执行结果。在连续方式运行时，程序 3 运行结束后检查运行结果。

程序 3 如下：

start（00*H*）：	*LD*	*R0*，#95*H*
	LD	*R1*，#0*A4H*
	ADD	*R0*，*R1*
	JC	*S2*
S1：	*LD*	*R0*，#0*AAH*
	LD	*R2*，#55*H*
	AND	*R0*，*R2*
	JZ	*S3*
S2：	*JC*	*S1*
	MOVA	*R3*，*R0*
	MOVA	*R1*，*R0*
S3：	*HALT*	

四、实验步骤

1. 实验准备。

（1）信号连接。在 TEC – 6G 计算机组成原理实验系统的实验台上，构成完整的 TEC – 6G 模型计算机。信号连接如下：

信号 *SWBUS# – O* 和信号 *SWBUS# – I* 连接；

信号 *ALUBUS# – O* 和信号 *ALUBUS# – I* 连接；

信号 *RAMBUS# – O* 和信号 *RAMBUS# – I* 连接；

信号 *C – O* 和信号 *C – I* 连接；

信号 *Z – O* 和信号 *Z – I* 连接。

将控制器转换开关设置为硬布线状态，使用硬布线控制器构成的 TEC – 6G 模型计算机。

（2）打开电源。下述步骤中，信号指示灯亮代表对应信号为 1，信号指示灯灭代表对应信号为 0。实验时要对照图 3 – 5 – 1 的微程序流程图观察看每一步骤相应信号的值。

（3）基本时序信号测试。TEC – 6G 计算机组成原理实验系统的实验开始之前，应先检测基本时序信号 *T*1、*T*2、*T*3 是否正常。使用逻辑笔可以完成 *T*1、*T*2、*T*3 信号的测试。测试方法如下：

a. 将逻辑笔的一端插入 TEC – 6G 计算机组成原理实验系统实验台上"逻辑笔"上面的插孔中，另一端插入"*T*1"上方的插孔中。

b. 将单微指令开关 *DP* 拨到向上位置，使 *TEC – 6G* 模型计算机处于单微指令运行方式。

c. 按复位按钮 CLR，使时序信号发生器复位。

d. 按逻辑笔框内的 Reset 按钮，使逻辑笔上的脉冲计数器复位，2 个黄灯 D1、D0 均灭。

e. 按一次启动按钮 QD，这时指示灯 D1D0 的状态应为 01B，表示产生了一个 T1 脉冲；如果再按一次 QD 按钮，则指示灯 D1、D0 的状态应当为 10B，表示又产生了一个 T1 脉冲；继续按 QD 按钮，可以看到在单周期运行方式下，每按一次 QD 按钮，就产生一个 T1 脉冲。

f. 用同样的方法测试 T2、T3。

2. 追踪程序 1 测试运算指令。

（1）将程序 1 编译成二进制代码。程序 1 编译成二进制代码形式如下：

地址	二进制编码	指令	
00H	01010000	LD	R0，#95H
01H	10010101		
02H	01010100	LD	R1，#34H
03H	00110100		
04H	00000001	ADD	R0，R1
05H	00010001	SUB	R0，R1
06H	01011100	MOVA	R3，R0
07H	01010000	LD	R0，#0AAH
08H	10101010		
09H	01011000	LD	R2，#55H
0AH	01010101		
0BH	00110010	OR	R0，R2
0CH	00100010	AND	R0，R2
0DH	10010000	HALT	

（2）将程序 1 写入存储器。按复位按钮 CLR，使 TEC – 6G 模型计算机复位；

设置操作开关 SWC = 0、SWB = 1、SWA = 0，准备进入写存储器模式；

按一次 QD 按钮。

控制台指示灯亮，W1 指示灯亮，进入写存储器模式。

设置数据开关上 SD7 – SD0 为 00H 作为程序 1 起始地址；

按一次 QD 按钮。

W3 指示灯亮，地址寄存器指示灯 AR7 – AR0 显示 00H，这是程序 1 的起始地址，

设置数据开关 SD7 – SD0 为 50H，这是第一条指令的第一个字；

按一次 QD 按钮，将 50H 写入地址为 00H 的存储器单元。

W3 指示灯亮，地址寄存器指示灯 AR7 – AR0 显示 01H；

设置数据开关 SD7 – SD0 为 95H，这是第一条指令的第二个字；

按一次 QD 按钮，将 95H 写入地址为 01H 的存储器单元。

一直继续下去，直到地址寄存器指示灯显示 0EH 为止。

按复位按钮 CLR，结束写入程序 1 操作。

（3）检查存储器中的程序 1 是否正确。按复位按钮 CLR，使 TEC – 6G 模型计算机复位。

设置操作开关 $SWC=0$、$SWB=1$、$SWA=1$，准备进入读存储器模式；

按一次 QD 按钮。

控制台指示灯亮，$W1$ 指示灯亮。

设置数据开关上 $SD7-SD0$ 为 $00H$ 作为程序 1 起始地址；

按一次 QD 按钮。

$W3$ 指示灯亮，地址寄存器指示灯 $AR7-AR0$ 显示 $00H$，数据总线指示灯 $D7-D0$ 应为 $50H$。如果不是 $50H$，则表明写存储器时写得不正确，将来需要改正。

按一次 QD 按钮。

$W1$ 指示灯亮，地址寄存器指示灯 $AR7-AR0$ 显示 $01H$，数据总线指示灯 $D7-D0$ 应显示 $95H$。

按一次 QD 按钮。

$W3$ 指示灯亮，检查地址为 $02H$ 的存储器单元内容。

一直继续下去，直到地址寄存器指示灯 $AR7-AR0$ 显示出 $0DH$ 为止。按复位按钮 CLR，结束检查操作。如果在检查中没有发现错误，进入下一步。如果检查出错误，则需要使用写存储器操作改正错误的地方后进入下一步。

（4）在单周期方式下执行测试程序 1。按复位按钮 CLR，使 $TEC-6G$ 模型计算机处于初始状态。

程序计数器 PC 被复位到 $00H$，指示灯 $PC7-PC0$ 显示 $00H$。

设置操作模式开关 $SWC=0$、$SWB=0$、$SWA=0$，准备进入启动程序运行模式；

设置单周期开关 $DP=1$，处于单周期运行状态。

按一次 QD 按钮。

控制台指示灯不亮，进入启动程序运行方式。

$W1$ 指示灯亮，此周期为从存储器取指令周期。由于此时 $PC7-PC$ 为 $00H$，因此从存储器 $00H$ 单元读取程序的第 1 条指令的第一个字到指令寄存器 IR。读指令后 PC 加 1，为从存储器中读下一条指令做准备。

按一次 QD 按钮。

$W2$ 指示灯亮。第一条指令的第一个字已经读到 IR 中；

指示灯 $IR7-IR0$ 显示 $50H$，程序计数器 PC 已完成加 1 操作；

指示灯 $PC7-PC0$ 显示 $01H$。本周期以 PC 为存储器地址，从存储器中读一个数到一个寄存器中，具体寄存器由 $IR3$、$IR2$ 确定，在本指令中是 $R0$。执行完本条微指令后 $PC+1$。

$W3$ 指示灯亮，本周期不做具体工作，属于空操作。

设置操作模式开关 $SWC=0$、$SWB=0$、$SWA=1$，准备进入读寄存器模式。

按一次 QD 按钮。

控制台指示灯亮，$W1$ 指示灯亮，进入控制台读寄存器操作。这时第一条指令的第二个字已经读到 $R0$ 中，程序计数器已经完成加 1 功能，$PC7-PC0$ 指示灯显示 $02H$。$R0$ 的值在数据总线指示灯 $D7-D0$ 上显示出来。这时可以看到 A 总线指示灯和数据总线指示灯都显示 $95H$。

按一次 QD 按钮。

$W3$ 指示灯亮。$R1$ 的值在数据总线指示灯 $D7-D0$ 上显示出来。由于程序 1 还没有给 $R1$

写入一个值，所以 $D7 - D0$ 显示的值是未定的。

按一次 QD 按钮，进入下一步。

$W1$ 指示灯亮。$R2$ 的值在数据总线指示灯 $D7 - D0$ 上显示出来。由于程序 1 还没有给 $R2$ 写入一个值，所以 $D7 - D0$ 显示的值是未定的。

按一次 QD 按钮。

$W3$ 指示灯亮。$R3$ 的值在数据总线指示灯 $D7 - D0$ 上显示出来。由于程序 1 还没有给 $R3$ 写入一个值，所以 $D7 - D0$ 显示的值是未定的。

设置操作模式开关 $SWC = 0$、$SWB = 0$、$SWA = 0$，准备返回启动程序运行模式。

按一次 QD 按钮。

控制台指示灯灭，$W1$ 指示灯亮，取指令周期。此时 $PC7 - PC0$ 为 02H，因此从存储器 2 单元读取程序的第 2 条指令到 IR。读指令后 PC 加 1，为从存储器中读下一条指令做准备。

按一次 QD 按钮。

按照上述的方法继续进行下去，直到程序 1 执行结束。

在程序 1 执行过程中，对运算指令需要要记录进位 C 和结果为 0 标志的值。如果不需要每条指令执行后都检查执行结果，则不一定在每条指令执行结束前改变操作模式开关，这样就可以在一条指令执行结束后直接执行下一条指令。

程序 1 执行结束后按 CLR 按钮，结束单周期运行程序 1 操作。

（5）在连续方式下执行程序 1。由于程序 1 仍在存储器中，因此不需要重新写程序 1 到存储器中。

按 CLR 按钮，使 $TEC - 6G$ 模型计算机处于初始状态。

程序计数器 PC 被复位到 00H，指示灯 $PC7 - PC0$ 显示 00H，

设置操作模式开关 $SWC = 0$、$SWB = 0$、$SWA = 0$，准备进入启动程序运行模式。

设置单周期开关 $DP = 0$，处于连续运行状态。

按一次 QD 按钮。

程序 1 将自动执行到程序结束。

程序计数器指示灯 $PC7 - PC0$ 将显示 0EH。记录下进位 C 和结果为 0 标志的值。

使用读寄存器方式检查寄存器 $R0$、$R1$、$R2$ 和 $R3$ 的值。

3. 追踪程序 2 测试存储器读写指令。仿照步骤 2 追踪程序 2 的执行。需要注意如果一条指令改变了存储器的内容，则需要使用读存储器操作予以追踪。

4. 追踪程序 3 测试条件转移指令。仿照步骤 2 追踪程序 3 的执行。需要记录 PC 的变化。观察当程序 3 执行结束时，有无指令没有被执行。

五、实验要求

1. 实验准备要求。按实验要求准备实验，并填写表 3 - 7 - 1 实验准备观察、记录表。

信号连线	硬布线指示灯		电源指示灯	

表 3 – 7 – 1　　　　　　　　　　**实验准备观察、记录**

信号连线	硬布线指示灯		电源指示灯	
时序信号 $T1$ 测试				
时序信号 $T2$ 测试				
时序信号 $T3$ 测试				
信号	*ALUBUS*	*RAMBUS*	*SWBUS*	*C*	*Z*
记录					
是否有效					
功能					

2. 实验过程要求。追踪 3 个测试程序的执行过程，详细记录每一步骤的执行结果。

3. 实验电路分析要求。从整体上叙述 *TEC – 6G* 硬布线控制器模型计算机的工作原理。

4. 实验报告要求。整理实验原始数据、分析实验结果、完成实验报告。

思考题

如果一条指令执行后需要察看执行结果，在取指令周期 *W*1 改变操作模式开关行不行？为什么？

硬布线控制器设计

本部分实验为计算机组成原理大型的设计型实验，可以用于学生的课程设计或者毕业设计。通过本部分的实验可以使学生将计算机组成原理各部分理论有机地整合在一起，通过具体的设计任务达到提高学生的实操水平和动手能力的目的，使学生具有一定的创新实践能力。

一、实验目的

1. 通过 TEC – 6G 计算机组成原理实验系统模型计算机硬布线控制器的设计，掌握简单计算机硬布线控制器设计方法。
2. 进一步掌握计算机整机运行原理。
3. 学会使用 VHDL 语言设计复杂的硬件。
4. 学习 EDA 软件 Quartus II 的使用。

二、设计原理

1. 硬布线控制器原理。硬布线控制器结构框图如图 3 – 8 – 1 所示。

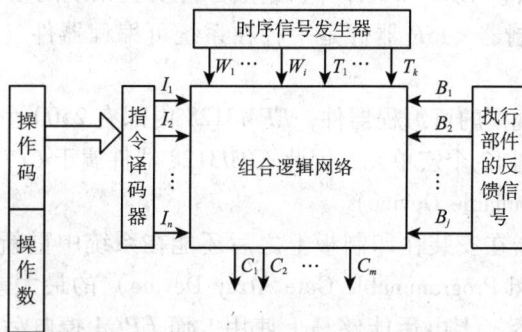

图 3 – 8 – 1　硬布线控制器结构框

逻辑网络的输入信号来源有三个，分别是：

（1）指令操作码译码器的输出 I_n；

（2）来自时序发生器的时序信号，包括机器周期信号 W_i 和节拍脉冲信号 T_k；

（3）来自执行部件的反馈信号 B_j。

逻辑网络的输出信号就是控制信号，用来对执行部件（数据通路）进行控制。

TEC–6G 计算机组成原理实验系统硬布线控制器的基本原理，可描述为：某一控制信号 Cm 是指令操作码译码器的输出 I_n、机器周期信号 W_i、节拍脉冲信号 T_k 和状态条件信号 B_j 的逻辑函数。

$$Cm = f\,(I_n,\ W_i,\ T_k,\ B_j)$$

在 TEC–6G 模型计算机中，I_n 直接使用了指令操作码 IR7 – IR4；W_i 是机器周期信号 W_1、W_2 和 W_3；T_k 是时序脉冲信号 T_1、T_2 和 T_3；B_j 是进位 C 和结果为零标志 Z。用这种方法设计控制器，需要根据每条指令的要求，让机器周期电位和时序脉冲有步骤地去控制机器的各有关部分，一步一步地执行指令所规定的微操作，从而在一个指令周期内完成一条指令所规定的全部操作。

一般来说，硬布线控制器的设计步骤如下：

（1）绘制指令流程图 为了确定指令执行过程所需的基本步骤，通常是以指令为线索，按指令类型分类，将每条指令归纳成若干微操作，然后根据操作的先后次序画出流程图。

（2）安排指令操作时间表 指令流程图的进一步具体化，把每一条指令的微操作序列分配到各个机器周期的各个时序脉冲信号上。要求尽量多的安排公共操作，避免出现互斥。

（3）安排微命令表 以指令流程图为依据，表示出在哪个机器周期的哪个节拍有哪些指令要求哪些微命令。

（4）进行微操作逻辑综合 根据微操作时间表，将执行某一微操作的所有条件（哪条指令、哪个机器周期、哪个时序脉冲等）都考虑在内，加以分类组合，列出各微操作产生的逻辑表达式，并加以简化。

（5）实现电路 根据上面所得逻辑表达式，用逻辑门电路的组合或大规模集成电路来实现。

2. 硬布线控制器芯片。TEC–6G 计算机组成原理实验系统的模型计算机采用 ISP 器件 EPM3128 作为硬布线控制器。ISP 器件是一种在系统可编程器件（In System Programmable Device）。

相对于 GAL 等中小规模的可编程器件，EPM3128 内部有 2500 个门，128 个宏单元，而一般的 GAL 器件只有 8 到 12 个宏单元，因此 EPM3128 器件属于 CPLD 器件，即复杂的可编程器件（Complex Programmable Device）。

所谓 ISP 器件，是指在安装在印制板上之后还能在系统中重新对其编程的器件。ISP 器件和 FPGA 器件（Field Programmable Gate Array Device）的最大差别是 ISP 器件在掉电后仍然保持着编程的内容，上电后能够马上使用，而 FPGA 掉电后不能保持编程的内容，上电后必须重新对其编程才能使用。在 TEC–6G 计算机组成原理实验系统的模型计算机中硬布线控制器所使用的 EPM3128 是 TQFP 封装的 144 引脚的器件，器件引脚及连接信号如图 3 - 8 - 2 所示。

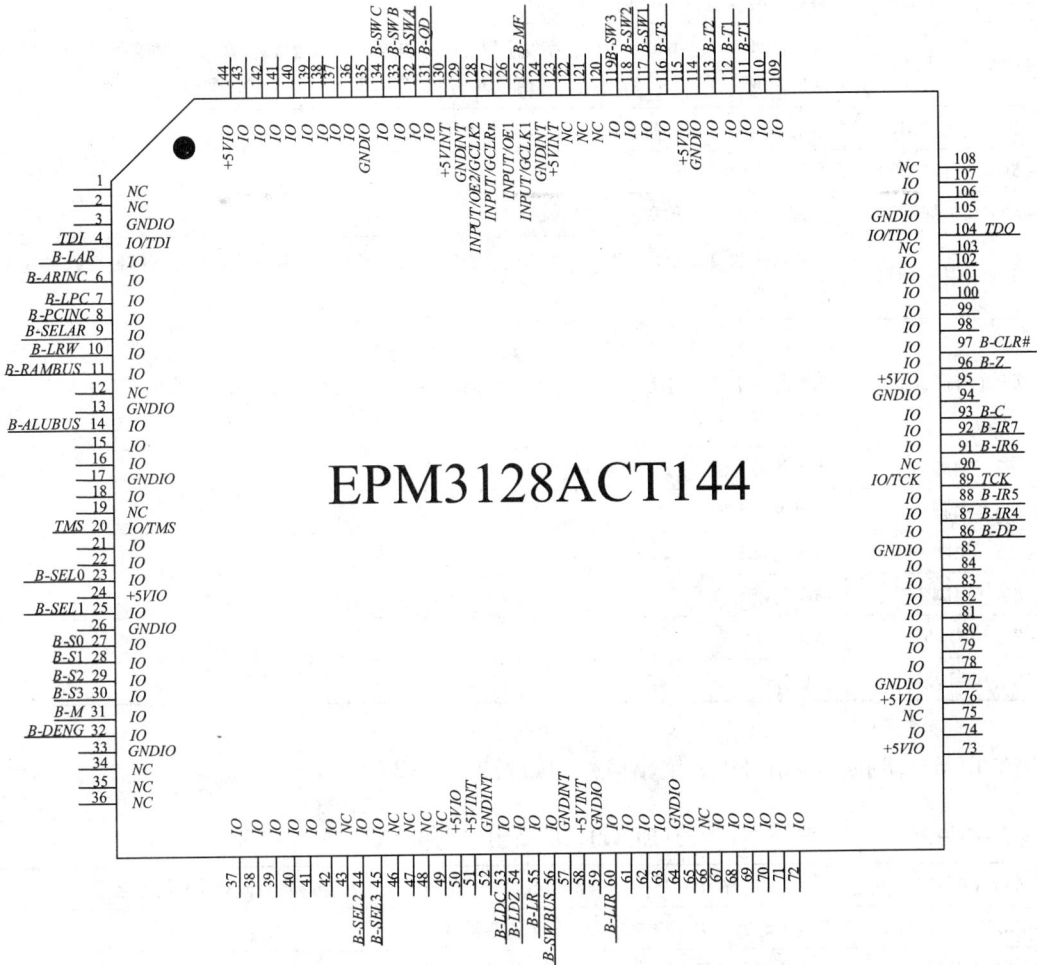

EPM3128ACT144

图 3 - 8 - 2　硬布线控制器 EPM3128 引脚信号

　　在 EPM3128 器件连接的信号中，*TDI*（引脚 4）、*TDO*（引脚 104）、*TMS*（引脚 20）、*TCK*（引脚 89）用于下载，通过下载对 EPM3128 编程，使之成为一个硬布线控制器。

　　由于 TEC - 6G 计算机组成原理实验系统的模型计算机中有 2 个控制器，因此与硬布线控制器有关的信号以前缀"*C* -"表示。虽然在设计一般硬布线控制器时信号的引脚号可以根据需要随意指定，不过由于需要设计的这个硬布线控制器是和 TEC - 6G 模型计算机的数据通路一起使用，因此各个信号的引脚号必须与图 3 - 8 - 2 中所指定的引脚号完全一致。

　　在 EPM3128 的连接信号中，输入信号功能如表 3 - 8 - 1 所示。

表 3 - 8 - 1 　　　　　　　　　　　EPM3128 输入信号功能

$B-MF$（引脚 125）	TEC - 6G 实验台上的主时钟。
$B-CLR\#$（引脚 97）	复位信号，低电平有效。使时序发生器复位。当 $B-CLR\#$ 信号为低时，立即停止输出机器周期信号 $W1$、$W2$、$W3$ 和时序脉冲信号 $B-T1$、$B-T2$、$B-T3$，使之复位到低电平
$B-QD$（引脚 131）	启动信号，高电平有效。启动时序电路和节拍电路运行
$B-SWA$（引脚 132）	实验台上的模式开关
$B-SWB$（引脚 133）	实验台上的模式开关
$B-SWC$（引脚 144）	实验台上的模式开关。为 1 时进行运算器实验和数据通路实验；为 0 时进行控制台操作或者运行程序
$B-DP$（引脚 86）	单周期开关。为 1 时，QD 信号到来后，只产生一组时序脉冲信号 $B-T1$、$B-T2$、$B-T3$，只执行一个机器周期；为 0 时，QD 信号到来后连续产生时序脉冲，直到 $B-CLR\#$ 为低，或者 $B-TJ$ 信号为高
$B-IR7$（引脚 92）	指令的第 7 位
$B-IR6$（引脚 91）	指令的第 6 位
$B-IR5$（引脚 89）	指令的第 5 位
$B-IR4$（引脚 88）	指令的第 4 位
$B-Z$（引脚 96）	结果为 0 标志
$B-C$（引脚 93）	进位标志

在 EPM3128 的连接信号中，输出信号能如表 3 - 8 - 2 所示。

表 3 - 8 - 2 　　　　　　　　　　　EPM3128 输出信号能

$B-LAR$（引脚 5）	为 1 时，在 $B-T3$ 的上升沿将数据总线 $DBUS$ 上的新存储器地址写入地址寄存器 AR
$B-ARINC$（引脚 6）	为 1 时，在 $B-T3$ 的上升沿地址寄存器 AR 加 1
$B-LPC$（引脚 7）	为 1 时，在 $B-T3$ 的上升沿将数据总线 $DBUS$ 上的程序计数器的新值写入程序计数器 PC
$B-PCINC$（引脚 8）	为 1 时，在 $B-T3$ 的上升沿程序计数器 PC 加 1
$B-SELAR$（引脚 9）	为 1 时，选择地址寄存器 AR 作为存储器地址；为 0 时，选择程序计数器 PC 作为存储器地址
$B-LRW$（引脚 10）	为 1 时，如果 $B-RAMBUS$ 为低，在 $B-T2$ 期间，将数据总线 $DBUS$ 上的数写入存储器；为 0 时，如果 $B-RAMBUS$ 为 1，将存储器中的数读出送到数据总线 $DBUS$ 上
$B-RAMBUS$（引脚 11）	为 1 时，将存储器中中读出的数放到数据总线 $DBUS$ 上
$B-ALUBUS$（引脚 14）	为 1 时，将运算器的运算结果放到数据总线 $DBUS$ 上
$B-SEL0$（引脚 23）	在信号 $B-DENG$ 为 1 时，相当于指令寄存器的第 0 位 $IR0$
$B-SEL1$（引脚 25）	在 $B-DENG$ 为 1 时，相当于指令寄存器的第 1 位 $IR1$。在 $B-DENG$ 为 1 时，$B-SEL1$、$B-SEL0$ 共同选择 $R1$、$R2$、$R3$ 中的哪一个寄存器作为源操作数送 B 总线
$B-S0$（引脚 27）	运算器的运算类型选择位 $S0$
$B-S1$（引脚 28）	运算器的运算类型选择位 $S1$
$B-S2$（引脚 29）	运算器的运算类型选择位 $S2$

$B-S3$（引脚30）	运算器的运算类型选择位 $S3$
$B-M$（引脚31）	运算器的运算类型选择位 M
$B-DENG$（引脚32）	为1时，选择控制台操作，控制台指示灯亮。在控制台操作情况下，$B-SEL3$、$B-SEL2$、$B-SEL1$、$B-SEL0$ 分别相当于指令寄存器的 $IR3$、$IR2$、$IR1$、$IR0$
$B-SEL2$（引脚44）	在信号 $B-DENG$ 为1时，相当于指令寄存器的第2位 $IR2$
$B-SEL3$（引脚45）	在信号 $B-DENG$ 为1时，相当于指令寄存器的第3位 $IR3$。在 $B-DENG$ 为1时，$B-SEL3$、$B-SEL2$ 共同选择 $R0$、$R1$、$R2$、$R3$ 中的哪一个寄存器作为目的寄存器被写入
$B-LDC$（引脚53）	为1时，在 $B-T3$ 的上升沿将运算器运算得到的进位值保存在进位寄存器中
$B-LDZ$（引脚54）	为1时，在 $B-T3$ 的上升沿将运算器运算得到的结果为0值保存在结果为0标志寄存器中
$C-LR$（引脚55）	为1时，在 $B-T3$ 的上升沿将数据总线 $DBUS$ 上的数保存在寄存器 $R0$、$R1$、$R2$ 或者 $R3$ 中。在信号 $B-DENG$ 为1时，寄存器由 $B-SEL3$、$B-SEL2$ 确定；在信号 $B-DENG$ 为0时，寄存器由 $IR3$、$IR2$ 确定
$B-SWBUS$（引脚56）	为1时，将数据开关 $SD7-SD0$ 的值送数据总线 $DBUS$
$B-LIR$（引脚60）	为1时，在 $B-T3$ 的上升沿数据总线 $DBUS$ 上的新指令存入指令寄存器 IR
$B-TJ$（引脚111）	如果为1，则时序发生器在输出 $B-T3$ 后停止输出后续的时序脉冲 $B-T1$、$B-T2$、$B-T3$
$B-T1$（引脚112）	时序脉冲信号
$B-T2$（引脚113）	时序脉冲信号
$B-T3$（引脚116）	时序脉冲信号
$B-W1$（引脚117）	机器周期信号
$B-W2$（引脚118）	机器周期信号
$B-W3$（引脚119）	机器周期信号

三、实验设备和设计内容

1. 实验设备。
（1）TEC-6G 计算机组成实验系统1台；
（2）双踪示波器1台（非必备）；
（3）直流万用表1只。
2. 设计内容。
（1）设计具有读寄存器、写存储器、读存储器的操作台操作功能，并能够执行 TEC-6G 计算机组成原理实验系统模型计算机的全部指令系统的硬布线控制器。不要求能够进行数据通路实验和运算器实验。
（2）要求用 VHDL 语言设计硬布线控制器，并在 Quartus Ⅱ 中经过编译后下载到 EPM3128 中。
（3）使用3个测试程序对硬布线控制器设计的正确性进行测试。

（4）对于控制台操作不要求在每条指令后能够进入，只要求在按下复位按钮后能够进入即可，因此对测试程序正确性的观测，放到测试程序运行结束后进行。如果需要观测每条指令的执行结果，可以观测控制信号指示灯、数据总线指示灯、A 总线指示灯、B 总线指示灯，IR 指示灯、PC 指示灯、AR 指示灯。

四、设计提示

1. 测试程序。测试程序如下：

程序 1：

start（00*H*）：	*LD*	*R*0，#95*H*
	LD	*R*1，#34*H*
	ADD	*R*0，*R*1
	SUB	*R*0，*R*1
	MOVA	*R*3，*R*0
	LD	*R*0，#0*AAH*
	LD	*R*2，#55*H*
	OR	*R*0，*R*2
	AND	*R*0，*R*2
	HALT	

测试程序 2：

start（00*H*）：	*LD*	*R*0，#95*H*
	LD	*R*1，#34*H*
	LD	*R*2，#22*H*
	LD	*R*3，#23*H*
	ST	*R*0，14*H*
	MOVB	*R*0，*R*1
	ST	*R*0，15*H*
	MOVB	*R*0，*R*2
	ST	*R*0，16*H*
	MOVB	*R*0，*R*3
	ST	*R*0，17*H*
	HALT	

测试程序 3：

start（00*H*）：	*LD*	*R*0，#95*H*
	LD	*R*1，#0*A*4*H*
	ADD	*R*0，*R*1
	JC	*S*2
*S*1：	*LD*	*R*0，#0*AAH*

	LD	R2，#55H
	AND	R0，R2
	JZ	S3
S2：	JC	S1
	MOVA	R3，R0
	MOVA	R1，R0
S3：	HALT	

2. 设计思路。

（1）使用图 3 – 5 – 1 硬布线控制器流程图。

（2）由于在硬布线控制器的功能中不要求进行运算器实验和数据通路实验，因此操作模式开关 SWC 的值固定为 0，或者根本不考虑 SWC 的值。

（3）为了完成控制台操作功能，需要一个内部信号 ST0。在刚进入读寄存器、写存储器、读存储器操作时，要求 ST0 为 0，执行第一个 W3 节拍后 ST0 等于 1。

五、设计要求

写出完整的设计报告，包括设计思想、硬布线流程图、源程序代码、3 个测试程序的测试结果以及设计体会。

实验九

简易电子音响设计

一、实 验 目 的

1. 掌握简易电子音响的基本原理。
2. 通过简易电子音响的设计掌握数字逻辑系统的设计方法。
3. 掌握 *EDA* 软件 Quartus II 的基本使用方法。
4. 掌握用 *VHDL* 语言设计复杂数字电路的方法。

二、设 计 原 理

1. 简易电子音响。电子音响是当今一个很时髦的物品，操作简单，声音动听。大家都知道一个基本的物理原理：振动发声。无论是何种声音，都是通过振动产生的。例如刮风时由于空气的振动产生了风声，用木棍敲击铜钟时，铜钟振动产生钟声。在 TEC‒6G 计算机组成原理实验系统实验台上，通过喇叭的纸盆振动发声，只要控制纸盆的振动频率，就能控制声音的音调；只要控制纸盆振动的长短，就能控制声音的节拍；只要控制振动的幅度，就能控制声音的强度。本设计中的电子音响实验只控制声音的音调和节拍。

2. 小喇叭及其驱动电路。TEC‒6G 计算机组成原理实验系统的实验台上喇叭及其驱动电路如图 3‒9‒1 所示。

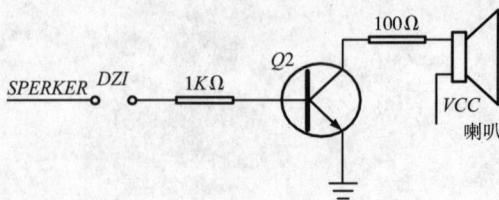

图 3‒9‒1　喇叭及其驱动电路

图 3‒9‒1 中，当短路子 *DZ*1 断开时，喇叭不受控制，因此不发声。喇叭的阻抗为 8

欧姆，R30 是防止喇叭烧毁的限流电阻。R29 是晶体三极管 Q2 的基极电阻，当控制信号 SPEAKER 为高电平时，Q2 饱和，电流流过喇叭；当控制信号 SPEAKER 为低电平时，Q2 截止，没有电流流过喇叭。控制了电流流过喇叭的频率，就控制了喇叭纸盆振动的频率。在本实验中，我们使用方波信号 SPEAKER 控制喇叭纸盆的振动。方波信号虽然不是正弦波，但它的基波是正弦波，而且频率同方波频率一致。基波在控制喇叭振动中起主要作用。喇叭的纸盆振动也不可能突变，因此用方波信号控制喇叭纸盆的振动也能产生出清晰的声音。

3. 音调的频率。每个音调对应 1 个固定的频率，本实验中用到的 C 调音符对应频率表如表 3 − 9 − 1 所示。

表 3 − 9 − 1　　　　　　　　C 调的部分音符对应频率

音调	1	2	3	4	5	6	7	i
频率（Hz）	262	294	330	349	392	440	494	523

4. 简易音响使用的芯片。喇叭控制信号 SPEAKER 由 TEC − 6G 计算机组成原理实验系统实验台上小板上的 EPM3128 器件产生。本实验中，只使用 EPM3128 的 3 个信号引脚，有关引脚信号如表 3 − 9 − 2 所示。

表 3 − 9 − 2　　　　　　　　EPM3128 相关引脚信功能

信号名	引脚号	信号方向	信号意义
MF	125	in	由实验台上的石英晶体振荡器产生的频率 1MHz 的时钟
CLR#	97	in	按一次实验台上的复位按钮 CLR 后产生的复位信号，低电平有效
SPEAKER	111	out	喇叭的控制信号

三、实验设备和设计内容

1. 实验设备。

（1）个人计算机 1 台，奔腾 3 系列或者以上；

（2）TEC − 6G 计算机组成实验系统 1 台；

（3）双踪示波器 1 台；

（4）直流万用表 1 只。

2. 设计内容。

（1）利用时钟信号 MF，对其进行分频，产生出表 3 − 9 − 1 中的 8 个音频信号。

（2）每个音调的音频信号输出 1 秒时间，输出信号的音调由低到高，然后由高到低。

（3）按实验台上的 CLR 按钮后，程序重新开始。如果不按实验台上的 CLR 按钮，则一直输出各种音调的音频信号。

（4）在个人计算机 PC 上 Quartus Ⅱ 用 VHDL 语言设计出程序，经过编译，然后下载到 EPM3128 器件中，构成一个音频发生器。

（5）听喇叭发出的声音，如果不符合要求，重新修改程序、编译后下载，直到正确为止。

四、设 计 提 示

1. 音调分频程序示例。音调 1 的频率是 262Hz，音调 i 的频率是 523Hz，如果直接用 1MHz 的主时钟信号分频，则产生 262Hz 的信号需要对 1MHz 信号进行 3816（十六进制 0EE8）分频，产生 523Hz 的信号需要对 1MHz 的信号进行 1912（十六进制 778）分频。这样产生 262Hz 信号的分频器需要 12 个宏单元，产生 523Hz 信号的分频器需要 11 个宏单元，占用资源太多。为了节省资源，首先对 1MHz 信号进行 10 分频得到 100KHz 信号，作为分频的基准，其他音调的信号由 100KHz 信号通过分频产生。

驱动喇叭发声的信号 *SPEAKER* 应当是占空比为 50% 的方波。

2. 分频程序。对 100KHz 信号进行分频产生 261Hz 的设计程序如下：

```
p1:process(clr,f100k,f1_t,f1)
    begin
        if clr = '0'then
            f1_t  <= x'00";
            f1   <= '0';
        elseif f100k'event and f100k = '1'then
            if f1_t = x"be" then        ——十六进制 be 相当于 190，因
                                          此是进行 191 分频

            f1_t  <= x'00";
            f1   <= not f1;             ——2 分频
            else
            f1_t  <= f1_t +'1';
            f1   <= f1;
            end if;
        end if;
    end process;
```

上面的程序中首先对 100KHz 信号进行了 191 分频得到信号 f1_ t，然后对 f1_ t 进行 2 分频得到信号 f1。f1 实际频率为 261.7Hz。

3. 设计思路。

（1）本实验中短路子 *DZ*1 需要短接。实验完毕后，短路子 *DZ*1 断开。

（2）如果只进行演示性实验，则可以直接把电子音响文件夹中的 . sof 文件下载到 *EPM*3128 中进行。

（3）在做完本实验后，如果做硬布线控制器实验，必须对硬布线控制器的 . sof 文件重新下载。

五、设计要求

写出完整的设计报告，包括设计思想，电路图、源程序代码以及设计体会。

简 易 频 率 计 设 计

本实验为计算机组成原理大型的设计型实验，可以用于学生的课程设计或者毕业设计。通过本部分的实验可以提高学生的实操水平和动手能力的目的，使学生具有一定的创新实践能力。

一、实验目的

1. 掌握频率计的基本原理；
2. 通过简易频率计的设计掌握数字逻辑系统的设计方法；
3. 掌握 *EDA* 软件 Quartus Ⅱ 的基本使用方法；
4. 掌握用 *VHDL* 语言设计复杂数字电路的方法。

二、设计原理

1. 频率计设计原理。频率计是一种常用的仪器，用于测量一个信号的频率或者周期。与示波器相比，它测量频率更加准确、直观。

一个频率计总体上分为两部分：

（1）以被测信号作为计数时钟进行计数；

（2）分别将计数结果显示出来。

频率的显示方法有两种：

（1）数码管显示；

（2）用液晶显示屏显示。

本设计采用的是数码管显示方法，用 6 个数码管显示，最多显示 6 位 10 进制数。

$L1$ 显示个位数，$L2$ 显示十位数，$L3$ 显示百位数，$L4$ 显示千位数，$L5$ 显示万位数，$L5$

显示百万位数。仅就完成频率计的功能而言，数码管 $L1$ 并不需要图 3 – 10 – 1 中的采用各 LED 段直接驱动的方式。采用这种驱动方式的目的是让学生学会数码管的各段直接驱动方式，加深对数码管及其驱动的理解。

频率计中，被测信号作为计数时钟进行计数时需要一个时间闸门，只有在这个时间闸门允许的时间段内才能进行计数。例如时间闸门可以是 0.001 秒、0.01 秒、0.1 秒、1 秒、10 秒等等。

如果时间闸门选用 1 秒，那么对被测信号计数得到的数就是该信号的实际频率；如果时间闸门选用 0.001 秒，那么以被测信号作为计数时钟进行计数得到的计数器的值是被测信号实际频率的 1‰；如果时间闸门选用 10 秒，那么计数器的值是被测信号实际频率的 10 倍。对于选用 10 秒的时间闸门而言，在显示频率的时候，要将小数点放在最低位之前，这样可以得到 0.1Hz 的分辨率。对于选用 0.001 秒的时间闸门，显示的是 KHz 而不是 Hz，用米字形数码管显示 "KHz" 也不难。不过 TEC – 6G 实验台上的数码管不能显示 "K" 字符。在本实验中，只选用时间闸门为 1 秒，只显示频率的数字，不显示单位。时间闸门要求很高的精度，精度至少要在 10^{-5} 以上。因此，产生时间闸门信号时一定用到高精度石英晶体振荡器。如果石英晶体振荡器的频率是 1MHz，对其进行 1 000 分频，能得到 0.001 秒的时间闸门，对其进行 1 000 000 分频，得到 1 秒的时间闸门。

由于人眼不能分辨眼花缭乱的显示，因此需要在计数器停止计数后需要一段较长的时间显示频率。例如可以 1 秒时间计数，1 秒时间显示计数值。还有的做法是计数过程中随时显示，计数结束后用 1 秒时间显示计数结果。需要注意的是在时间闸门中计数前，首先要使计数器复位为 0，以保证计数值准确。这个计数器复位工作通常在按下复位按钮后进行一次，保证第一次计数准确；在显示用的每个时间段的最后通过内部产生的复位信号进行 1 次复位计数器工作，为下次计数做好准备。

影响频率计计数能力的主要是计数器的速度。如果一个计数器的计数速度不高，就无法对高频信号计数，测出的频率是不真实的。本实验中不考虑这个问题。

在测量一个信号的周期时，通常的做法是将信号的周期作为时间闸门，用一个频率精确的信号作为计数时钟脉冲，计算在时间闸门内通过的计数时钟脉冲个数。例如，采用 1MHz 的计数时钟脉冲时，如果在一个信号周期内有 678 个计数时钟脉冲通过，则该信号的周期就是 678 微秒。

2. 数码管及其驱动电路。TEC – 6G 计算机组成原理实验系统实验台上有 6 个共阳极数码管。

数码管及其驱动电路如图 3 – 10 – 1 所示。

6 个数码管都是共阳极数码管。数码管由 8 个单独控制的发光二极管构成，8 个发光二极管分别命名为 a、b、c、d、e、f、g 和 dp，各发光二极管的位置见图 3 – 10 – 1，其中 dp 代表小数点。这种 8 个发光二极管构成的数码管用于显示数字 0 到 9。例如需要显示数字 2 时，只要点亮发光二极管 a、b、d、e、g 即可。数码管 $L1$ 采用各 LED 段直接驱动的方式，因此使用了 1 个 8 线反向驱动器 240（$U54$）驱动。当 $LG1 – D7 – LG1 – D0$ 的任一位为 1 时，数码管 $L1$ 中对应的发光二极管点亮。数码管 $L6 – L2$ 各使用了一个 BCD – 七段译码器/驱动器 74LS47 驱动。其驱动功能如表 3 – 10 – 1 所示。

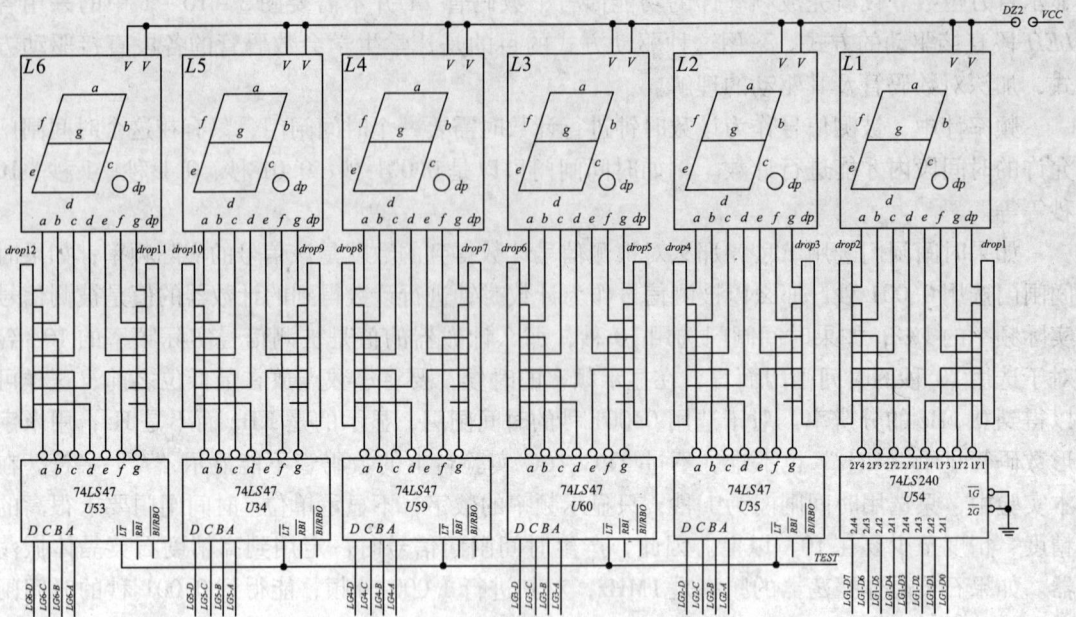

图 3 - 10 - 1　数码管及其驱动电路图

表 3 - 10 - 1　　　　　　　　　　　74LS47 驱动功能表

D	C	B	A	显示数字
0	0	0	0	0
0	0	0	1	1
0	0	1	0	2
0	0	1	1	3
0	1	0	0	4
0	1	0	1	5
0	1	1	0	6
0	1	1	1	7
1	0	0	0	8
1	0	0	1	9

　　$drp12 - drp1$ 是 4×270 欧姆的排电阻器，用于限制数码管中每个发光二极管的电流，确定各发光二极管的亮度。TEST 信号为测试信号，当它是低电平时，数码管 $L6 - L1$ 中的各发光二极管点亮（$L6 - L2$ 中的小数点不点亮）。

　　短路子 $DZ2$ 用于对数码管 $L6 - L1$ 的供电电源 $+5V$ 进行控制。当短路子 $DZ2$ 短接时，数码管正常工作；当短路子 $DZ1$ 断开时，数码管 $L6 - L1$ 不工作。

　　3. 频率计使用的芯片。频率计 EPM3128 和计算机组成原理硬布线控制器使用的是同一个器件，许多引脚也是公用的。当将频率计的设计下载到小板上的 EPM3128 中去时，小板上的 EPM3128 就变成了一个频率计电路，它控制 $TEC - 6G$ 实验台上的 6 个数码管及其驱动电路。根据频率计设计的需要，小板上的 EPM3128 引脚信号图如图 3 - 10 - 2 所示。

图 3 - 10 - 2 中的信号引脚都是固定的，不能改变。

图 3 - 10 - 2 中的输入信号有以下几个：

（1）*MF*（引脚 125）是实验台上的主时钟信号，频率为 1MHz；

（2）*CLR#*是复位信号。该信号低电平有效，按一次实验台上的复位按钮产生；

（3）*SWC*、*SWB*、*SWA* 是实验台上的模式开关。输出信号用于控制数码管的驱动电路。

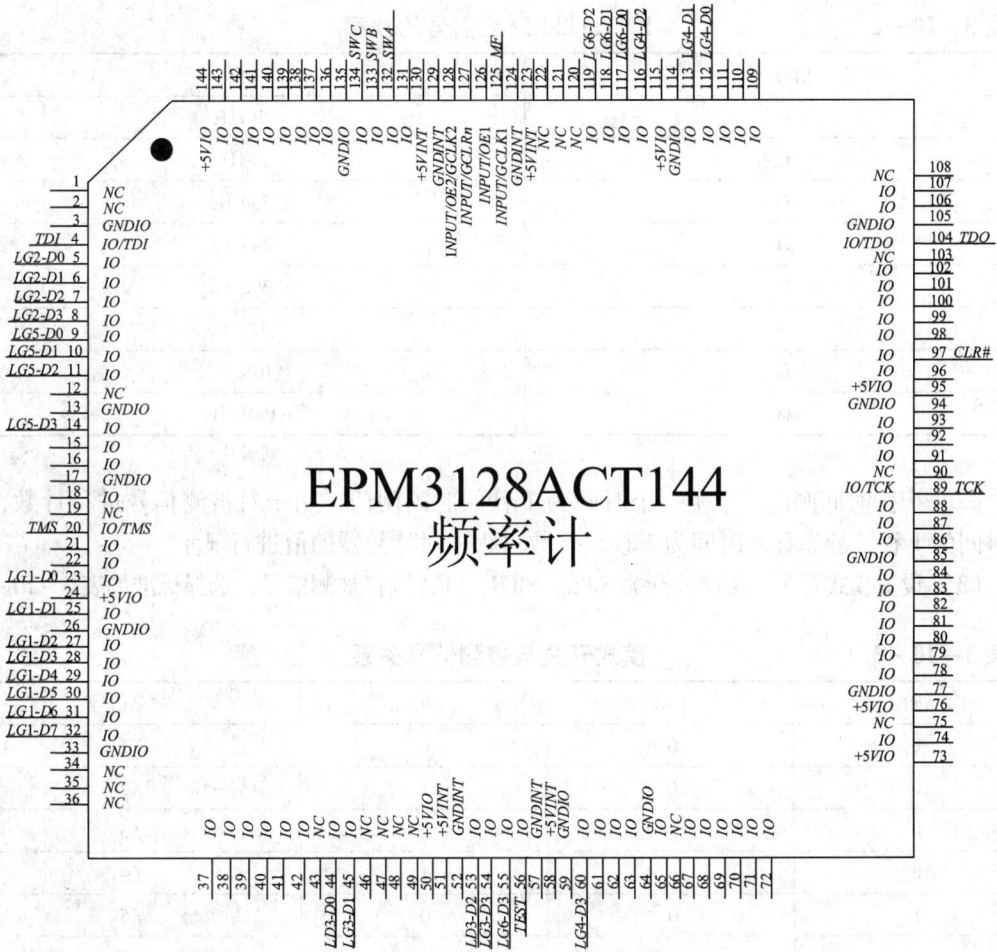

图 3 - 10 - 2　频率计 EPM3128 引脚信号

三、实验设备和设计内容

1. 实验设备。

（1）个人计算机 1 台，奔腾 3 系列或者以上；

（2）TEC - 6G 计算机组成实验系统 1 台；

（3）双踪示波器 1 台；

（4）直流万用表 1 只。

2. 设计内容。

（1）频率计检测的信号是外部信号，不过鉴于 TEC - 6G 实验台的实际情况，在 EPM3128 内部产生下列 8 个被测信号。

对应信号的频率如表 3 - 10 - 2。

表 3 - 10 - 2   EPM3128 对应信号的频率

信号名	频率
f1	262Hz
f2	264Hz
f3	330 Hz
f4	349 Hz
f5	392 Hz
f6	1K Hz
f7	10K Hz
f8	100K Hz

（2）产生时间闸门。产生一个时间为 1 秒的时间闸门，用于对被测信号进行计数，计数时间为 1 秒，静态显示时间为 1 秒。计数过程中对计数器的值进行显示。

（3）设置模式开关。用模式开关 SWC、SWB、SWA 选择被测信号，选择标准如表 3 - 10 - 3。

表 3 - 10 - 3   模式开关与被测信号关系

SWC	SWB	SWA	被测信号
0	0	0	$f1$
0	0	1	$f2$
0	1	0	$f3$
0	1	1	$f4$
1	0	0	$f5$
1	0	1	$f6$
1	1	0	$f7$
1	1	1	$f8$

（4）频率计采用自顶向下或者自底向上的层次方法设计。

（5）在个人计算机 PC 上 Quartus II 用 VHDL 语言设计出程序，经过编译，然后下载到 EPM3128 器件中，构成一个频率计。

（6）观察实验结果。如果不符合要求，重新修改程序、编译后下载，直到正确为止。

四、设计提示

1. 异步十进制计数器。对被测信号的频率进行计数的计数器必须是十进制的计数器而不能是十六进制的计数器。

一个典型的异步十进制计数器具有如下形式：

```
library ieee;
use ieee. std_logic_1164. all;
use ieee. std_logic_arith. all;
use ieee. std_logic_unsigned. all;
entity counter10A is port
    (clr:in std_logic;
    clk:in std_logic;
    enable: in std_logic;
    c_out: out std_logic;
    cnt:buffer std_logic_vector(3 downto 0));
end counter10A;
architecture behave of counter10A is
begin
process(clr,clk,cnt,enable)
    begin
        if clr = '0'then
            cnt  <= '0000';
            c_out  <= '0';
        elseif clk'event and clk = '1'then
            if enable = '1'then
              if cnt = "1001" then
                cnt  <= '0000';
                c_out  <= '1';
              else
                cnt  <= cnt + '1';
                c_out  <= '0';
              end if;
            end if;
        end if;
    end process;
end behave;
```

在以上程序中，

当复位信号 clr =0（复位）时，十进制计数器 cnt = "0000"（复位），进位信号 c_ out =0（复位）。

enable 信号是时间闸门，clk 是被测信号。

当 enable =1 时，允许在时钟信号 clk 上升沿计数。

当计数到 cnt = "1001"（十进制 9）时，当下一个时钟脉冲 clk 上升沿到来时，cnt = "0000"（十进制 0），这样周而复始计数。

当 cnt10 计数到 "1001"（十进制 9）后，下一个时钟脉冲 clk 的上升沿到来后为 1。当 cnt10 计数到 "0000" 后，下一个时钟脉冲 clk 的上升沿到来后为 0。也就是说 c_out 只有在 cnt10 的值为 "0000" 的时间段内为 1。在异步计数器中，低位计数器产生的 c_out 作为高位计数器的时钟信号。

2. 十进制计数器数码管的驱动。十进制计数器的输出除了个位之外，其他十进制位的 4 位二进制输出可以直接与数码管的驱动电路连接。十进制计数器的个位由于相应的数码管是按每个发光二极管驱动，因此必须进行转换。转换使用 case 语句。

例如：

```
library ieee;
use ieee. std_logic_1164. all;
entity display is port
    (counter1:in std_logic_vector(3 downto 0);
    (a,b,c,d,e,f,g,h: out std_logic );
end display;
architecture behave of display is
signal s_out: std_logic_vector(7 downto 0);
begin
a  <= s_out(0);
b  <= s_out(1);
c  <= s_out(2);
d  <= s_out(3);
e  <= s_out(4);
f  <= s_out(5);
g  <= s_out(6);
h  <= s_out(7);
process(counter1)
begin
    case counter1 is
        when "0000" =>- - 显示数字 0
            s_out  <= "00111111";
        when "0001" =>- - 显示数字 1
            s_out  <= "00000110";
        when "0010" =>- - 显示数字 2
```

```
            s_out  <= "01011011";
        when "0011" =>- - 显示数字 3
            s_out  <= "01001111";
        when "0100" =>- - 显示数字 4
            s_out  <= "01100110";
        when "0101" =>- - 显示数字 5
            s_out  <= "01101101";
        when "0110" =>- - 显示数字 6
            s_out  <= "01111110";
        when "0111" =>- - 显示数字 7
            s_out  <= "00000111";
        when "1000" =>- - 显示数字 8
            s_out  <= "01111111";
        when "1001" =>- - 显示数字 9
            s_out  <= "01101111";
        when others =>
            s_out  <= "00000000";
    end case;
end process;
end behave;
```

3. 设计思路。

（1）*TEST* 信号（引脚 56）必须固定输出高电平，如果输出低电平，则 6 个数码管全亮，无法显示其他数字。

（2）本实验中短路子 *DZ*2 需要短接。实验完毕后，短路子 *DZ*2 断开。

（3）如果只进行演示性实验，则可以直接把频率计文件夹中的 *.sof* 文件下载到 *EPM*3128 中进行。

（4）进行完本实验后，必须将硬布线控制器的 *.sof* 文件下载到 *EPM*3128 中，才能进行有关硬布线控制器的实验。

五、 设计要求

写出完整的设计报告，包括设计思想、电路图、源程序代码以及设计体会。

实验十一

简 易 交 通 灯 设 计

本实验为计算机组成原理大型的设计型实验，可以用于学生的课程设计或者毕业设计。通过本部分的实验可以提高学生的实操水平和动手能力的目的，使学生具有一定的创新实践能力。

一、实验目的

1. 学习状态机设计；
2. 掌握数字逻辑系统的设计方法；
3. 掌握 *EDA* 软件 Quartus II 的基本使用方法；
4. 掌握用 *VHDL* 语言设计复杂数字电路的方法。

二、设计原理

1. 交通灯及其控制电路。交通灯控制是一种常见的控制，几乎在每个十字路口上都可以看到交通灯。本实验通过南北和东西两个方向上的 12 个指示灯（4 个黄灯、4 个红灯、4 个绿灯）模拟路口的交通灯控制情况。

TEC - 6G 计算机组成原理实验系统实验台上的交通灯及其控制电路图如图 3 - 11 - 1 所示。12 个发光二极管代表 12 个交通灯。2 个 8 引脚的排电阻向 12 个发光二极管提供电流。排电阻 *RP*23、*RP*24 的引脚 1 为公共端，它和排电阻其他引脚之间的电阻值为 1kΩ。当短路子 *DZ*3 断开时，*RP*23 和 *RP*24 的引脚 1 悬空；当短路子 *DZ*3 短接时，*RP*23 和 *RP*24 的引脚 1 接 +5*V*。控制信号 *TL*0—*TL*11 分别控制各发光二极管的负极。由于 74LS240 对输入信号 *TL*0—*TL*11 反相后生成输出信号，因此当 *TL*0—*TL*11 中的某一个信号为 1 时，对应的发光二极管有电流流过而被点亮。只要对信号 *TL*0—*TL*11 进行合适的控制，就能使 12 个发光二极管按要求亮、灭。

2. 交通灯控制芯片。TEC - 6G 计算机组成原理实验系统交通灯控制信号 *TL*0—*TL*11 由实验台小板上的 EPM3128 器件产生。

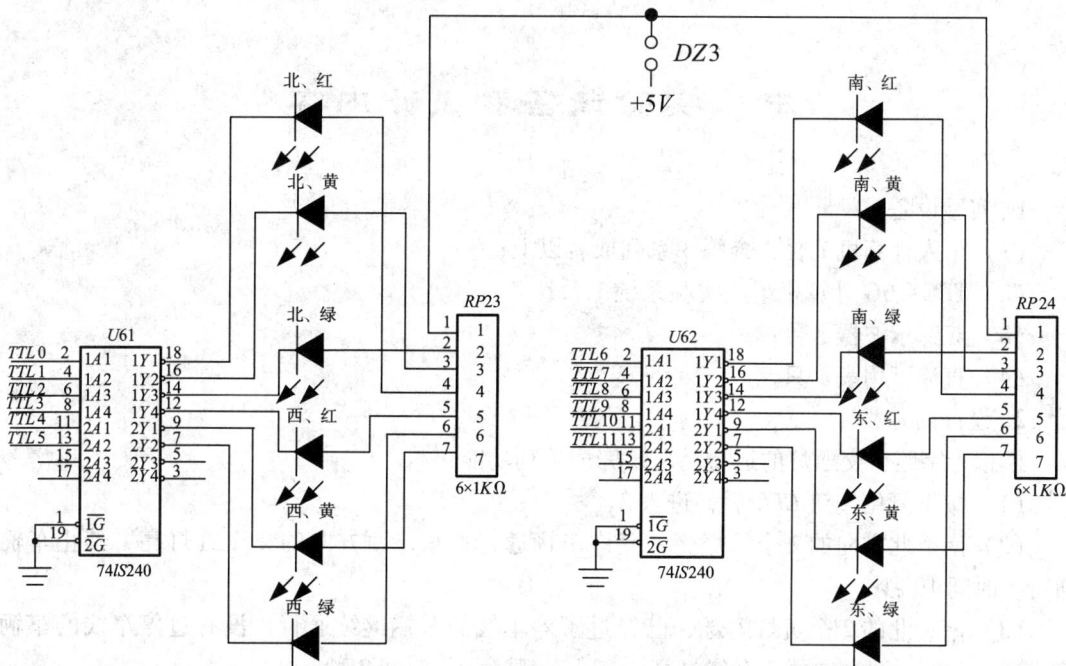

图 3 - 11 - 1　交通灯及其控制电路

EPM3128 器件引脚信号功能如表 3 - 11 - 1 所示。

表 3 - 11 - 1　　　　　　　　　EPM3128 器件引脚信号功能

信号名	引脚号	信号方向	信号意义
MF	125	in	由实验台上的石英晶体振荡器产生的频率 1MHz 的时钟
CLR#	97	in	按一次实验台上的复位按钮 CLR 后产生的复位信号，低电平有效
QD	131	in	按下启动按钮 QD 后产生的 QD 脉冲，作为紧急情况使用
TTL0	23	out	控制北方灯
TTL1	25	out	控制北方灯
TTL2	44	out	控制北方灯
TTL3	45	out	控制西方灯
TTL4	60	out	控制西方灯
TTL5	27	out	控制西方灯
TTL6	28	out	控制南方灯
TTL7	29	out	控制南方灯
TTL8	30	out	控制南方灯
TTL0	112	out	控制东方灯
TTL10	113	out	控制东方灯
TTL11	116	out	控制东方灯

三、实验设备和设计内容

1. 实验设备。

（1）个人计算机 1 台，奔腾 3 系列或者以上；

（2）TEC - 6G 计算机组成实验系统 1 台；

（3）双踪示波器 1 台；

（4）直流万用表 1 只。

2. 设计内容。

模拟十字路口交通灯的运行情况，完成下列功能：

（1）按下复位按钮 *CLR* 后，进入 2。

（2）南、北方向的 2 个绿灯亮，允许车辆通行；东、西方向的 2 个红灯亮，禁止车辆通行。时间 10 秒。

（3）南、北的 2 个黄灯闪烁，已经过了停车线的车辆继续通行，没有过停车线的车辆停止通行；东、西方向的 2 个红灯亮，禁止车辆通行。时间 2 秒。

（4）南、北方向 2 个红灯亮，禁止车辆通行；东、西方向 2 个绿灯亮，允许车辆通行。时间 10 秒。

（5）南、北方向 2 个红灯亮，禁止车辆通行；东、西 2 个黄灯闪烁，已经过了停车线的车辆继续通行，没有过停车线的车辆停止通行。时间 2 秒。

（6）返回 2，继续运行。

（7）如果在 2 状态情况下，按一次紧急按钮，立即结束 2 状态，进入 3 状态，以使东、西方向车辆尽快通行。如果在 3 状态情况下，按一次紧急按钮，立即结束 4 状态，进入 5 状态，以使南、北方向车辆尽快通行。

四、设 计 提 示

1. 典型的状态机实验。首先从 1MHz 的 *MF* 时钟信号经过 5 次 10 分频产生 0.1 秒的计数时钟，用以对计数器计数，用计数器的值控制状态机之间的状态之间的转换。

当按下一次 *QD* 按钮时，直接修改计数器的值，使状态转换提前产生。

本实验中有的状态机有 4 个状态，分别对应设计内容中的（2）~（5）。

状态机的示例程序如下：

```
state_p: process(clr,clk)
    begin
        if clr = '0'then
            state  <= "00";
        elseif clk'event and clk = '1'then;clk 为 0.1 秒的时钟信号
```

```
                state  <= next_state;
            end if;
        end process;
    state_trans: process(clk,state,count)
        begin
            case state is
                when "00" => ;0 状态
                    if count = "1100011" then        ;10 秒到了吗？
                      next_state <= "01";            ; 转到 1 状态。
                    else
                      next_state <= "00";            ; 继续 0 状态。
                    end if;
                when "01" =>                         ;1 状态
                    if count = "1110111" then        ;12 秒到了吗？
                      next_state <= "11";            ; 转到 2 状态。
                    else
                      next_state <= "01";            ; 继续 1 状态。
                    end if;
                when "11" =>                         ;2 状态
                    if count = "1100011" then        ;10 秒到了吗？
                      next_state <= "10";
                    else
                      next_state <= "11";            ;继续 2 状态。
                    end if;
                when "10" =>                         ;3 状态
                    if count = "1110111" then        ;12 秒到了吗？
                      next_state <= "00";            ; 转到 0 状态
                    else
                      next_state <= "10";            ;继续 3 状态。
                    end if;
            end case;
        end process;
```

上述的状态机由 2 个 PROCESS 语句构成。第一个 PROCESS 语句给出了状态机中每 0.1 秒用 next_ state 代替 state；第 2 个 PROCESS 语句根据时间控制 next_ state 的产生。

2. 黄灯闪烁可通过连续亮 0.2 秒、灭 0.2 秒实现。

3. 本实验中控制器转换开关拨到硬布线位置。

4. 本实验中短路子 *DZ*3 需要短接。实验完毕后，短路子 *DZ*3 断开。

5. 如果只进行演示性实验，则可以直接把交通灯文件夹中的 *.sof* 文件下载到 *EPM*3128 中进行。

6. 做完本实验后，在进行有关硬布线控制器的实验之前，首先要将硬布线控制器的 .sof 文件下载到 EPM3128 中。

五、设计要求

写出完整的设计报告，包括设计思想、电路图、源程序代码以及设计体会。

参考文献

1. 白中英. 计算机组成原理（第四版·立体化教材）. 科学出版社，2008
2. 白中英. 计算机组成原理（第三版·网络版）. 科学出版社，2002
3. 白中英. 戴志涛，倪辉，覃健诚. 计算机组成原理解题指南，科学出版社，2008
4. 白中英. 杨春武. 计算机组成原理题解、题库、实验（第三版）. 科学出版社，2002
5. William Stallings. Computer Organization Architecture：Desighing for Performance，Seventh Edition，Pearson Prentice Hall，2006
6. 唐朔飞. 计算机组成原理（第二版）. 高等教育出版社，2008
7. 唐朔飞. 计算机组成原理：学习指导与习题解答. 高等教育出版社，2005
8. 王诚. 计算机组成原理考研辅导. 清华大学出版社，2010